창조와 성공의 비밀 감동DNA
천체물리와 경영의 만남

비움과소통

우주의 법칙 속에
발현되는 인간의 창조성!

장병택 (영풍문고 대표이사 사장)

고도의 물질문명이 발달하였다지만 우리는 자연의 섭리를 통해 그 놀라움과 숙연함을 깨닫는 존재이다. 자연의 섭리 가운데, 우주가 주는 신비함과 법칙은 여전히 인간들에게 많은 과제와 더불어 인류역사 발전의 촉진제가 되고 있다.

'필요는 창조의 어머니' 라는 말이 있다. 필요를 느낀 사람이 뭔가를 찾게 마련이고 찾아진 새로움은 인류를 발전시킨다. 즉, 필요(need)란 이상적 상태(ideal state)와 현재 상태(actual state) 간의 차이(gap)를 말하는데, 뭔가 문제가 있는 현재의 상태를 가장 바람직한 이상적인 상태가 되도록 만드는 것이 바로 창조라 할 수 있다.

그런 의미에서 이 책은 무한한 우주의 합법칙성과 창조의 원리를 통해 인생(人生)이, 그리고 기업(企業)이 어떻게 창조의 힘을 실현해 나갈 수 있는지를 과학적으로 제시하고 있다. 인간이, 혹은 기업이 갖는 순수, 개성, 사랑, 사고, 믿음의 힘은 결국 우주를 이끄는 중력과 핵력(강력과 약력), 그리고 전자기력 등의 4가지 힘과 우주 암흑과 공간에 존재하는 수많은 소립자 물질의 에너지 끈(string)처럼 연관되어 있으며, 이렇게 끊임없이 진동하는 다섯 가지의 힘이 우주의 섭리를 지배하는 원동력임과 동시에 창조에 이르게 하는 끈임을 밝히고 있다.

또한 우주의 법칙 속에 발현되는 인간의 창조성은 감동(感動)을 통해 원천적 힘이 촉발되며, 그 감동은 순수와 개성, 사랑과 사고, 믿음이 결합할 때라야만 발휘됨을 역설한다. 저자는 타인을 감동시키는 위대한 창조를 실현하기 위해서는 자신이 직접 위대한 창조를 실현해가는 과정과 완성된 상태를 자기 내면에 그렸을 때, 즉 자신부터 먼저 크게 느끼고 마음이 움직이는 감동을 자연스럽게 자각해야 하며, 스스로를 저절로 감동시킬 수 있다면 다른 어떤 것보다도 자연스럽게 타인에게도 감동적인 그 무엇을 완성해 낼 수 있음을 강조하고 있다.

　　천문학과 경영학을 두루 섭렵한 저자의 책 속에는 우주 공동체 속에 살아가고 있는 우리 인간이 따를 수 밖에 없는 우주의 법칙 속에 숨겨진 함의(含意)들을 통해 개인과 기업의 위대한 창조성을 일깨우고 있으며, 위대한 창조를 일구고 실현하는 이들을 설명하고 있다.

　　명료하고 간결하여 전문지식이 없는 독자라도 쉽게 이해할 수 있으며, 즐겁게 탐독할 수 있다. 이 책을 읽어보면 우주의 힘과 법칙은 그저 우주과학으로만 존재하는 것이 아님을 느낄 수 있다. 무한한 우주가 그리고 그 공간에 복잡하게 얽혀 내재된 수많은 에너지들이 인류발전에 어떻게 기여를 해왔고, 또 그 법칙과 힘들이 동서고금을 통해 인간에게 어떤 창조적 발현과 맥(脈)을 같이 하는지를 발견할 수 있을 것이다.

　　"위대한 창조는 타인의 관점에서 볼 때 그 가치뿐만 아니라 실천하는 과정도 감동이다."는 저자의 말을 되새김하면서 분주한 업무 가운데서도 훌륭한 글을 쓴다는 것은 놀라운 자기발견임과 동시에 독자들에게 가장 역동적이고 설득력 있는 조언이 될 것이다. 이 책을 동시대를 살아가는 많은 사람들에게 권하고 싶다. 무엇보다 고된 창조의 길 위에서 성공과 희망을 꿈꾸는 젊은 층과 경영자들에게 더욱 유익하다고 본다.

2011년 5월 20일

나와 세상을 변화시키는 창조성의 원천, 감동DNA

가슴속 깊이 느껴지는 감동은 아무리 짓밟혀도 살아 꿈틀거리다가 순수를 만나면 날개를 달고 하늘 높이 올라가 이 세상에 빛을 주는 태양이 됩니다.

우리가 다른 사람들에게 즐거움을 주기 위해서는 우선 자신부터 즐거운 상태에 있어야 합니다. 만약 자신이 슬프거나 화가 나 있는 상태에서 다른 사람을 즐겁게 해주기 위해 어떤 말이나 행동을 하거나 표정을 짓는다면 상대방은 그 속에서 나타나는 어색함을 금방 알아차리고 이상하게 느낄 것입니다. 반대로 자신이 즐거운 상태에 있으면 특별히 노력하지 않아도 자신도 모르게 즐거운 말이나 행동을 하거나 표정을 짓기 때문에 자연스럽고도 쉽게 상대방을 즐겁게 해줄 수 있을 것입니다. 뿐만 아니라 자신이 의도하지 않더라도 상대방은 덩달아 즐거워지기도 합니다.

타인을 즐겁게 하기 위해 먼저 자기부터 즐거운 상태에 있어야 하는 것처럼 위대한 창조 역시 마찬가지입니다. 위대한 창조는 타인의 관점에서 볼 때 그 가치뿐만 아니라 실현하는 과정도 감동적입니다. 감동(感動)은 크게 느끼어 마음이 움직이는 것을 말합니다. 타인을 감동시키는 위대한 창조를 실현하기 위해서는 자신이 직접 위대한 창조를 실현해 가는 과정과 완성된 상태를 자기 내면에 그렸을 때 자신부터 먼저 크게 느끼고 마음이 움직이는 감동을 자연스럽게 자각해야 합니다. 자기가 스스로를 먼저 자연스럽게 감동시켜야 한다는 말입니다. 또한, 스스로를 저절로 감동시킬 수 있다면 타인이 볼 때도 다른 어떤 것보다 감동적인 그 무엇을 자연스럽게 완성해 낼 수 있다는 말이기도 합니다.

그렇다면 자기 스스로를 자연스럽게 감동시키는 그 무엇을 찾아내고 실현하는 방법은 없을까요? 그것은 바로 의식적이든 무의식적이든 자신의 존재 의미에 대해 끊임없이 물음을 던져 답을 찾아내고, 그것을 자신이 직접 실현해 가는 과정과 완성된 모습을 내면에 그리면서, 실재로 순수함을 바탕으로 실현해 가는 것입니다. 이 말은 자신의 존재 의미는 자기가 직접 실현해 가는 과정과 완성된 모습을 내면에 순수하게 그리면 스스로가 자연스럽게 감동을 느끼는 것임을 의미합니다.

이는 바로 우주와 한 몸이고 우주에서 살아가고 있는 인간이 따를 수밖에 없는 우주의 법칙입니다. 아울러 동서고금을 막론하고 인간의 역사와 진화를 이끌어 왔고, 리드하고 있는 위인들과 탁월한 기업들이 위대한 창조를 실현한 원리이기도 합니다.

이 책은 그 우주의 법칙과 창조의 원리를 분석하고 정립하여 독자 여러분에게 제시하고 있습니다. 이 책을 통해 독자 여러분이 직접 위대한 창조를 실현하여 행복과 성공을 성취하고 이 세상에 빛을 주는 존재가 되시기를 기원합니다.

끝으로 이 책이 출간될 수 있도록 도와주신 많은 분들에게 감사를 드립니다. 또한 위인들, 위대한 기업들, 그리고 신비로운 우주와 더불어 이 책을 함께 할 수 있기를 바랍니다.

2011년 5월 26일 윤정열 드림

| 목 차 |

|목 차|

제1부

우주와 인간의 진화를 이끄는
다섯 가지 힘

한 점에서 시작한 우주는 빅뱅 1초 후 태양계 크기의 1,000배만큼 팽창했고,
이 후 현재까지 지속적으로 팽창해 오고 있으며, 빅뱅 1초 후 초고에너지가 우주를
형성할 원재료인 소립자로 변환되었고, 몇 분 후 소립자가 결합되어 원자핵이
최초로 생성, 30만년 후 원자핵과 전자로 구성된 원자가 최초로 출현, 수 억 년 후
원자들이 서로 뭉쳐 별을 최초로 형성했다. 10억년 후 별과 행성 등으로 구성된
은하가 처음으로 생성, 92억년 후 지구가 탄생되었으며 120억년 후부터
인류의 진화가 시작되어 오늘날에 이르렀다.

우주는 에너지 끈이 연주하는 거대한 교향곡

끈이론은 1968년부터 시작하여 20세기 후반 이론물리학의 주류로 부상한 이론이다. 끈이론에 따르면 우주의 4대 기본 힘인 중력, 핵력(강력과 약력), 전자기력과 가장 최근에 그 존재가 밝혀진 암흑에너지와 우주공간에 존재하는 물질들인 소립자, 원자, 분자, 물질구름, 암흑물질, 지구, 태양계, 은하, 그리고 생명체 등 우주만물은 가장 작은 최소단위인 끈으로 된 에너지로 구성되어 있다고 한다.

그리고 이 에너지 끈들은 용수철이나 고무 밴드의 모양을 취하면서 각기 다른 형태로 다양하게 진동하고 있고, 이 끈들의 크기는 원자를 구성하는 소립자보다 상상할 수 없을 정도로 작다는 것이다. 또한 첼로를 연주하면 첼로의 현이 진동하여 내는 각기 다른 음들이 조화롭게 어울려 음악을 구성하듯이 각기 다른 형태로 진동하는 이 끈들이 각기 다른 음들을 내고 이 음들이 조화롭게 어울려 중력, 핵력, 전자기력, 암흑에너지, 소립자, 원자, 분자, 물질구름, 암흑물질, 지구, 태양계, 은하, 생명체 등 우주만물을 만들어 낸다고 한다. 결국 우주만물은 수 없이 많은 끈들이 각양각색으로 진동하여 만들어 내는 다채로운 음악으로 구성된 거대한 교향곡과 같다는 것이다.

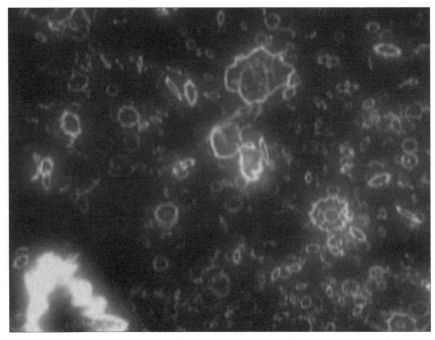

진동하는 에너지 끈들의 모습

순수 = 암흑에너지, 내면의 자유를 통한 창조성 발현

137억 년 전 시간도 공간도 없는 곳에서 원자보다 작고 온도가 섭씨 약 1.5 ×10^{32}도인 초고에너지의 한 점이 갑자기 나타나 대폭발(빅뱅)을 하면서 우주가 탄생했다. 그리고 137억년이라는 영겁의 세월동안 우주는 점진적으로 진화하여 현재의 신비로운 모습으로 변화했다. 한 점에서 시작한 우주는 빅뱅 1초 후 태양계 크기의 1,000배만큼 팽창했고, 이 후 현재까지 지속적으로 팽창해 오고 있으며, 빅뱅 1초 후 초고에너지가 우주를 형성할 원재료인 소립자로 변환되었고, 몇 분 후 소립자가 결합되어 원자핵이 최초로 생성, 30만년 후 원자핵과 전자로 구성된 원자가 최초로 출현, 수 억 년 후 원자들이 서로 뭉쳐 별을 최초로 형성했다. 10억년 후 별과 행성 등으로 구성된 은하가 처음으로 생성, 92억년 후 지구가 탄생되었으며 120억년 후부터 인류의 진화가 시작되어 오늘날에 이르렀다.

에너지는 물질로, 물질은 에너지로 변환된다. 아인슈타인의 특수상대성이론에 따르면 에너지와 물질이 상호 변환되는 방정식은 E=MC²(E는 에너지, M은 물질의 질량, C는 빛의 속도를 나타냄)이다. 이 방정식은 핵폭탄이 엄청난 폭발력을 발휘하고 별이 지속적으로 빛과 같은 에너지를 막대하게 방출하는 이유를 설명해 준다.

그러나 옛날 사람들은 우주는 정적이며 불변한다고 생각했다. 1916년 아인슈타인은 중력이 시간과 공간을 휘게 만든다는 일반상대성이론을 발표하면서 우주공간에 대해 설명하는 아인슈타인 방정식을 내놓았다. 아인슈타인은 우주가 공간적으로는 정적이고 무한하며 시간적으로는 영원하다고 믿었다. 하지만 막상 자신이 만든 아인슈타인 방정식은 우주는 한 점에서 출발해 끝없이 팽창해야 하거나 어느 크기에서 수축해 한 점으로 되돌아 가야 한다는 것을 말하고 있었다. 그는 자신이 믿고 있던 것과 자신의 방정식을 일치시키기 위해 우주상수라는 것을 방정식에 임의로 추가했다. 그는 우주가 자체 중력 때문에 팽창할 수는 없으며 수축해야 하는데 어떤 알 수 없는 원인으로 그 수축을 방해하는 힘이 작용하여 공간적으로 정적이고 무한할 것이라고 생각했고 자신이 방정식에 추가한 우주상수는 그 수축을 방해하는 힘을 의미한다. 구의 형태를 띤 무한한 우주 안에 별과 행성과 같은 물질들이 차 있고 이 물질들이 중력 때문에 서로 당기고 있어 서로 당기는 것을 방해하는 힘이 없다면 우주가 수축할 수밖에 없는데 서로 당기는 것을 방해하여 우주의 크기를 정적이고 무한하게 유지시켜주는 힘이 우주상수라는 뜻이었다.

1929년 미국 사람인 허블은 우리 지구가 속해 있는 은하가 아닌 타 은하에서 방출되어 지구로 오는 빛의 적색편이가 지구로부터 타 은하까지의 거리가 멀수록 크다는 것을 발견하여 지구로부터 타 은하까지의 거리가 멀수록 타 은하가 지구로부터 멀어지는 속도가 크다는 것을 알게 되었다. 이는 우주가 팽창하고 있다는 사실을 입증해 주고 있었다. 기차가 다가올 때는 고동소리가 파장이 짧은 고음으로 들리다가 기차가 멀어질 때는 고동소리가 파장이 긴 저음으로 들리는 것처럼 타 은하가 지구로부터 멀어지고 있을 때 타 은하에서 방출되어 지구에 도착하는 빛은 파장이 짧은 푸른색 계열에서 파장이 긴 붉은색 계열로 변화되는데 이를 빛의 적색편이라고 한다. 또한 기차의 속도가 크면 클수

은하들의 분포모습

록 기차가 다가오다가 멀어질 때 음의 높낮이 변화가 커지는 것처럼 지구로부터 타 은하가 멀어지는 속도가 크면 클수록 타 은하에서 방출되어 지구에 도착하는 빛의 적색편이는 커지게 된다. 그리고 기차가 자신을 기준으로 하여 정지한 상태에서 고동소리를 내고 있다면 고동소리의 높낮이 변화가 없는 것처럼 타 은하가 지구를 기준으로 하여 정지해 있다면 타 은하에서 방출되어 지구에 도착하는 빛의 적색편이는 없다. 만약 타 은하가 지구로 다가오고 있다면 타 은하에서 방출되어 지구에 도착하는 빛의 파장은 오히려 짧아져 빛의 청색편이가 발생하게 된다.

이 사실을 접한 아인슈타인은 1931년 허블이 연구하고 있던 윌슨산천문대를 방문했고, 그곳에서 열린 기자회견에서 그는 우주가 팽창한다는 사실을 인정하며 자신의 방정식에 임으로 추가했던 우주상수를 폐기한다고 발표했다. 그는 자신이 우주상수를 추가한 것이 자신의 인생에 있어 최대의 실수라고 말했다. 하지만 사람들은 그 당시까지도 우주는 팽창하고 있지만, 우주의 자체중력 때문에 팽창속도가 서서히 줄어들어 언젠가는 수축을 하거나 영원히 팽창하더라도 팽창속도가 서서히 줄어들 것이라고 생각했다. 이는 우주상수가 없는 아인슈타인의 방정식이 설명하는 내용이다.

그러나 이후 우주 관측기술의 발전에 따라 더욱 정밀한 관측 결과가 나오면서 새로운 사실들이 밝혀졌다. 1998년 미국에서 두 개의 다른 연구팀이 우주의 팽창속도가 느려지고 있는 것이 아니라 오히려 증가하고 있다고 발표했다. 예를 들어 현재 우주의 팽창속도가 초당 71Km인데 이는 70억 년 전보다 15%나 빠르다는 것이었다. 이 두 연구팀은 팽창이 가속되고 있다는 사실이 처음에는 믿기지 않아 서로 관측데이터를 주고받아 다른 팀의 연구결과를 분석했지만 분석 결과에 이상이 없었다.

이 사실은 1931년 아인슈타인이 철회한 우주상수가 터무니없는 것이 아니라는 것을 말해주고 있다. 아인슈타인이 도입한 우주상수의 크기는 우주가 자체 중력으로 수축되지 못하도록 하면서도 팽창도 하지 못하도록 하는 크기이다. 우주상수의 크기는 우주 자체 중력의 크기와 같다는 말이다. 만약 우주상수의 크기를 아인슈타인이 도입한 것 보다 크게 하면 우주는 팽창하게 되고 팽창속도는 점점 커지게 된다. 우주상수가 우주 자체 중력보다 크므로 두 힘의 합이 우주를 바깥으로 팽창시키는 결과를 초래하기 때문이다. 인공위성을 발사할 때 발사체가 지구의 중력을 이기고 서서히 가속되어 점점 빠른 속도로 우주공간으로 날아가는 것과 같은 현상이다.

1998년 우주의 팽창이 가속화되고 있다는 사실이 밝혀지자 과학자들은 새로운 우주상수 도입이 필요함을 깨닫게 되었다. 그러나 우주의 팽창속도를 가속시키는 것이 우주상수일 가능성은 높지만 그것이 무엇인지 아직 확실히 밝혀지지 않고 있다. 그래서 우주의 팽창속도를 가속시키는 것을 미지의 에너지라고 하여 암흑에너지라고 부른다. 우주의 팽창이 가속되고 있다는 사실을 모른 체 허블은 64세의 일기로 1953년에 세상을 떠났고 아인슈타인은 76세의 일기로 1955년에 세상을 떠났다.

우주의 진화에 있어서 암흑에너지의 역할은 매우 중요하다. 137억 년 전, 우주가 빅뱅으로 탄생한 후 지속적으로 팽창하여 현재 우리 인간이 살아가고 있는 신비로운 우주로 진화할 수 있도록 무한공간을 형성해 주었기 때문이다.

만약 암흑에너지가 없었다면 빅뱅이후 우주는 빠른 속도로 붕괴하여 우리 인간이 진화를 시작하기 이전에 다시 한 점으로 돌아갔을 것이다. 현재까지 밝혀진 사실에 따르면 우주의 팽창을 가속화시키는 암흑에너지가 우주 공간의 73%를 차지하고, 상호간 끌어당기는 중력을 가져 우주를 다시 한 점으로 붕괴시키는 역할을 하는 물질(별, 은하, 행성, 성간물질, 암흑물질 등)이 우주공간의 27%를 차지하고 있다.

이처럼 암흑에너지는 우주진화에 있어서 없어서는 안 될 역할을 해왔다. 인간진화에 있어서 암흑에너지와 같은 역할을 하는 것은 바로 순수이다. 순수는 암흑에너지처럼 내면세계의 공간을 끝없이 확장하여 인간에게 정신적인 무한한 자유를 준다.

미국 클레이수학연구소가 21세기를 맞아 선정한 수학계의 '밀레니엄 7대 난제' 중의 하나인 '푸엥카레의 추측'을 풀었던 러시아의 천재 수학자 그리고리 페렐만은 왜 그렇게도 순수함을 지키려고 할까? '푸엥카레 추측'은 1904년 프랑스의 수학자 앙리 푸엥카레에 의해 제기되었으며, 어떤 하나의 밀폐된 3차원 공간에서 시작점과 끝점이 같은 모든 곡선이 수축돼 하나의 점이 될 수 있다면 이 공간은 반드시 원구(圓球)로 변형될 수 있다는 것인데 이 추측이 참임을 증명하라는 것이 문제 하나당 100만 달러의 상금이 걸려 있는 밀레니엄 7대 난제 중의 하나였다. 이 문제를 풀기 위해 지난 100년간 수도 없이 많은 수학자가 매달렸지만 실패했다. 2002년과 2003년에 페렐만이 인터넷에

3편의 논문을 게재하여 문제의 해답을 제시하였는데, 수학자들이 연구팀을 구성해 3년 이상 걸쳐 그 해답이 옳다는 사실을 검증했다.

페렐만은 2003년에 미국 수학자들의 초청으로 러시아에서 미국으로 건너가 자신의 해답에 대해 강연했는데, 강연 내내 자신이 문제를 풀어냈다는 의기양양함은 전혀 보이지 않았다고 한다. 미국 연구팀이 그의 해답이 옳다는 것을 점점 확신하게 되면서 세상의 주목을 받자 페렐만은 러시아 스테클로프 수학연구소에서 연구원으로 재직하다가 외부와의 접촉을 끊고 사라져 버렸다. 국제수학연합이 4년마다 2~4명에게 수여하는 수학계의 노벨상이라고 불리는 필즈메달 대상자로 2006년도에 선정되었지만 거부했고, 2010년 3월 클레이수학연구소가 그에게 100만 달러의 상금을 지급하겠다고 발표했지만, 끝내 거부했다고 한다. 그는 2006년 필즈메달 대상자로 선정될 당시 "나는 언론의 주목을 받을 만한 사람이 아니다. 좋아서 수학을 연구했을 뿐 돈도 명예도 관심 없다. 동물원에 갇힌 짐승들처럼 전시되는 꼴을 당하기 싫다. 난 수학 영웅도 아니고, 성공한 인생을 살지도 않았다. 그게 바로 모든 이가 날 쳐다보지 않게 만들려는 이유이기도 하다."고 말했다고 전한다.

페렐만은 1966년 레닌그라드에서 태어났으며 혼자 조용히 사색하는 것을 좋아하고, 16세 때 국제수학올림피아드에서 만점으로 금메달을 받을 만큼 어린시절부터 수학에 뛰어날 뿐만 아니라 물리학에도 탁월한 인물이다. 그는 실력을 인정받아 1992년에 미국으로 건너가 연구 활동을 했지만, 실적을 강조하는 미국 학계의 분위기에 실망을 느껴 1995년에 스탠퍼드 대학과 프린스턴 대학의 교수 영입 제안을 거절하고 자기가 처음 연구를 시작한 러시아 스테클로

프 수학연구소로 돌아가 연구원으로 재직했다. 그는 연구소에서 재직하다 사라진 후 상트페테르부르크의 한 허름한 아파트에서 노모와 같이 매월 한국 돈 5만원 정도의 연금을 받으면서 가난하게 살고 있다. 그가 이렇게도 고독과 순수를 고수하는 것은 고도의 집중력과 창의력이 필요한 푸엥카레 추측에 대한 증명과 같은 위대한 창조를 위해선 때 묻지 않은 순수함이 필요해서 일 것이다.

온갖 인생의 역경을 이기고 한국문학사에서 기념비적인 장편대하소설 ≪토지≫를 저술한 소설가 박경리 선생은 한 방송사와의 인터뷰에서 "내가 굉장히 낯가림이 심해요. 타고나면서 사람 앞에 나가는 것 싫고, 그게 뭐 성격도 있지마는, 약한 성질인 것 같지요. 그런데 사실은 강한 내 의지이기도 해요. 왜냐 하면 나는 내 자유를 굉장히 소중히 생각하기 때문에" 라고 말한 바 있다.

박경리 선생은 1926년에 경남 통영에서 태어나 많은 문학 작품을 남기고 2008년에 세상을 떠났다. 그는 혼자 사색하고 농작물을 손수 가꾸는 것을 좋아했고, 생명을 사랑했으며 순수한 삶을 살았다. 이러한 한결 같은 순수한 삶을 통해 그는 1969년부터 1994년까지 5부로 된 총 21권의 장편대하소설인 불후의 명작 ≪토지≫를 완간할 수 있었던 것이다.

mp3, 태블릿PC, 스마트폰 등으로 IT업계의 새로운 신화를 창조해 나가고 있는 애플사의 CEO 스티브 잡스는 자신이 설립한 애플을 떠난 후 성공에 대한 중압감이 사라졌고, 이로써 가벼운 마음으로 인생에서 최고의 창의력을 발휘할 수 있었다고 털어놓았다. 1955년에 태어난 스티브 잡스는 1976년에 워즈니악과 애플을 공동 설립하였고, 30세에 경영실권을 잃으면서 할 일이 없어지자 애플을 떠난 후 NeXT를 설립하였으며, 1996년에 적자에 허덕이던 애플이 NeXT를 인수하면서 애플로 돌아오게 되었다.

페렐만과 박경리, 스티브 잡스와 같이 한 분야에 놀라운 업적을 이룬 사람들은 한결같이 순수의 길을 걸은 구도자와 같은 모습을 보여준 공통점이 있다. 순수란 잘못된 고정관념에서 비롯되는 집착과 그로 인한 구속됨이 없는 자유를 의미한다. 고정관념은 생각이 굳어진 것이다.

자유는 생각이 순수가 되었을 때 생기기 마련이다. 집착은 머리를 운전대에 가까이 오도록 앞으로 내밀고 차 앞만 보면서 운전하는 것과 같다. 집착은 한자 '執着'이 뜻하는 것과 같이 잡고 달라붙는 것이다. 집착과 구속에서 벗어나 자유로울 때 자신의 진정한 모습을 치우침이 없이 바르게 볼 수 있다.

사람들은 생존경쟁 사회에서 타인을 이기고 타인보다 더 많이 가져야만 자신을 보호할 수 있고 풍요롭게 살아갈 수 있다는 잘못된 고정관념 속에 빠져 있어 돈, 권력, 권위 등 허위에 집착한다. 게다가 이러한 잘못된 고정관념으로 인해 인간이 가지고 있는 기본적인 욕구중의 하나인 자신이 중요한 사람으로 인정받는 욕구가 왜곡되어 명예에 집착하고 권력과 권위에 더욱 집착한다.

집착은 타인보다 더 잘해야 한다는 경계심리를 유발한다. 이로 인해 자신이 실수나 실패를 할까봐 두려워하게 되고, 타인의 비난, 불평, 불만에 의해 쉽게 열등의식에 빠지고, 자신이 저지른 과오에 대해 지나친 죄책감과 수치심에 시달리고, 타인의 시선을 지나치게 의식하게 되는 등 자신을 학대하는 심리적 구속 상태에 빠진다. 또한 자신의 잘못을 타인의 탓으로 돌리거나 합리화 및 정당화시키고, 타인의 잘못을 용납하지 않고 비난하거나 불평하고, 타인이 자신에게 잘못한 것에 대해 타인을 증오하는 등 자신을 방어하거나 타인을 공격하는 심리적 구속 상태에 빠진다.

그리고 집착은 '나는 할 수 없다', '나는 운이 없는 사람이다' 라는 식으로 자신을 비하하는 심리적인 구속 상태를 초래시킨다. 자신을 비하하게 되면 사람들은 현실에 안주하여 더욱 가치 있는 일에 도전하지 않을 뿐만 아니라 게으르고 나태해지기 마련이다. 그리고 집착은 권력, 권위, 돈, 명예 등을 더욱 많이 가져도 만족할 줄 모르는 심리적 부족상태를 유발하므로 더욱 더 많이 가질 수 없을까봐 마음 졸이고 근심하고 걱정하는 심리적인 구속 상태에 빠지게 한다. 상대적으로 많이 가진 사람들 역시 그러한 잘못된 고정관념에서 이와 같은 집착과 구속에서 벗어나지 못하는 경우가 많다.

집착과 구속은 인간의 내면세계를 경직되게 만들어 고통을 유발시키고 내면세계의 활동에너지를 불필요하게 소모시켜 내면세계를 위축시킨다. 고통과 위축의 상태에서는 기쁘고 행복하게 창의력을 발휘할 수 없는 것은 당연하다. 집착과 구속으로 가득히 찬 우주가 자신을 대할 뿐이다.

심리학자인 콜롬비아대학의 캐롤 드웩 교수가 국내의 한 방송국과 인터뷰한 내용의 일부분을 참조하면 순수한 어린이들에게 집착과 구속을 심어 주었을 때 결과가 어떻게 나오는지를 알 수 있다.

질문 실패나 좌절상황에서 서로 다른 반응을 보이는 이유는 무엇인가?

어떤 아이들은 그들이 성공했는지 실패했는지가 자신이 똑똑한지 멍청한지를 평가하는 것이라고 생각한다. 그럴 때 아이는 과제를 해결할 용기나 자신감을 잃게 되고, 실제로 문제해결 능력 자체를 잃게 되는 것이다.

질문 그런 아이들과 문제해결 성향 아이들 간의 중요한 차이점은 무엇인가?

문제해결적인 아이들은 배우는 것에서 즐거움을 느끼고, 새로운 것을 알아낸다는 것에서 흥분한다. 또한 도전해야 하는 상황에서 오히려 신이 난다. 설사 어떤 일이 잘 안되어도 '아, 좀 다른 방식으로 시도해 봐야겠구나.' 라고 생각한다. 그것이 자신의 유능함을 결정하는 것이라고 느끼지 않는다.

질문 그러면 왜 이렇게 서로 다른 결과가 나오는가?

아주 많은 이유가 있다. 그중의 하나는 부모가 자기 자녀들에게, 또한 교사가 자기 학생들에게 판단적인 태도로 대하기 때문이다. 우리의 연구결과로 보면 이런 것을 통해 아이들이 '아, 이것이 나를 평가하는 것이구나. 이게 부모님이 나를 사랑할지 않을지를 결정하는 것이고. 또한 선생님이 나를 존중할지 않을지도 여기에 달렸구나.' 라고 생각하게 된다. 그러므로 부모와 선생님이 판단적인 태도를 가지면, 아이는 그것을 내면화하게 되고, 모든 실패와 성공에 대해서 다 걱정하게 되는 것이다." – 캐롤 드웩 교수, 교육방송과의 인터뷰 중에서 자신과 우리 사회의 진정한 발전과 풍요로움은 약육강식의 경쟁구조가 아닌 적자생존의 구조와 상호간의 조화를 바탕으로 한 공존공생과 공동발전의 구조를 통해 실현될 수 있다. 또한 자신이 중요한 사람이라고 느끼고 싶은 욕구(중요감)는 내가 타인을 이기고 타인보다 더 많이 가져서 충족시키는 것이 아니라 내가 우리 사회에 가치 있는 일을 하여 충족시키는 것이다. 적자생존은 강한 자든 약한 자든 변화하는 환경에 가장 잘 적응하는 자가 살아남는다는 말이며, 강한 자가 약한 자를 잡아먹는다는 의미의 약육강식과는 다르다. 공존공생과 공동발전은 각자 서로 다른 다양한 개성을 조화롭게 어울리도록 하여 하나의 큰 역량을 만들어 냄으로써 변화하는 환경에 같이 적응하고 발전하여 결국 너도 승리하고 나도 승리한다는 의미이다. 이러한 진리를 깨닫고 실천해야 집착과 구속에서 벗어날 수 있다는 것을 주지해야 한다.

성경 '마태복음' 제 5장 3절에 "심령이 가난한 자는 복이 있나니, 천국이 저희 것임이요." 라는 구절이 있다. 여기서 '심령이 가난하다'의 의미는 집착이 없는 텅 빈 마음을 말한다. 불교에서도 허위에 대한 집착에서 벗어나 텅 빈 마음으로 돌아가면 좋은 인연이 찾아온다고 한다. 텅 빈 마음은 순수가 만들어 낸다. 종교에서도 집착과 구속에서 벗어나 순수함을 유지하는 것이 중요함을 일깨우고 있는 것이다.

자유는 여러 가지 창조성을 가지고 있다. 우리의 내면세계가 집착과 구속에 빠져 있을 때 경직과 위축으로 인해 제대로 활동하지 못하고 있던 자유의 창조성들은 우리 내면세계가 집착과 구속에서 벗어나 순수해지면 활동하기 시작한다. 그러한 창조성들은 다음과 같다.

자유가 주는 창조성 중의 하나는 먼저 이타심이다. 불교에서도 말하듯 우리의 마음은 본래 선하다. 집착과 구속 때문에 이기심이 일어나고 악한 일을 하게 되는 것이다.

한 방송국과의 인터뷰에서 소설가 박경리 선생은 "나 개인을 생각한다면 토지가 나올 수 없다."라고 말한 바 있다. 우리 민족과 사회를 생각한 이타심에서 그의 대작이 완성되었다는 의미다.

20세기의 대표적인 서양화가이자 조각가인 피카소는 1881년 스페인에서 태어나 1973년 세상을 떠날 때까지 1만3,500여 점의 그림과 700여 점의 조각품을 포함한 총 25만 점이 넘는 작품을 남겼다. 스페인 내전 때인 1937년, 나찌 독일이 폭탄과 전투기의 성능을 시험하기 위해 게르니카를 폭격하여 1,600여 명이 학살당하는 비극이 일어났고, 그는 이에 분노하여 대작 게르니카를 창작했다. 그는 예술가는 다른 사람 일에 무관심할 수 없는 하나의 정치적인 인물이 되어야 한다고 생각했다. 그는 한 방송국과의 인터뷰에서 "비극이 터지는 그 순간부터 나는 게르니카를 그렸죠. 그것은 비극이었고, 인류에 큰 충격을 준 사건이었기 때문입니다."라고 말했다.

조선 왕조의 가장 위대한 군주였던 세종 대왕의 업적 역시 백성을 사랑하는 이타심이 있었기에 가능한 일이었다. 세종 대왕은 권위와 강압으로 정치를 한 것이 아니라 법과 사랑으로 백성을 가르치며 다스렸다. 《훈민정음》 서문에 세종 대왕은 훈민정음을 창제한 이유에 대해 "국어가 중국과 달라서 한자와 서로 통하지 아니하므로 일반 백성이 말하고자 하나, 제 뜻을 능히 펴지 못할 자가 많은 지라, 내 이를 불쌍히 여겨 새로 28자를 만드나니 사람마다 쉽게 학습하여 일용(日用)에 편케 하고자 할 따름이다."라고 기록했다. 세종 대왕은 일반 백성들이 글을 몰라 예절과 법을 어겨 죄를 짓고 고통을 받는 것이 자신의 탓이라고 여기고 매우 안타까워했다. 당시만 해도 법률이나 예법뿐만 아니라 왕실의 정책은 모두 한자로만 표기되어 있어 신분이 높은 양반들만 이해할 수 있었고 일반 백성들은 한자를 몰라 알 도리가 없었다.

어문학에 대해 당시 누구보다도 깊은 지식을 가지고 있었던 세종 대왕은 일반 백성으로부터 왕실까지 이어지는 소통을 통해 일반 백성들의 권익을 보호하기 위해서는 사투리나 어린아이들의 소리까지 쉽고 정확히 표시할 수 있는 우리만의 문자가 절실함을 직시했다. 이를 위해 세종 대왕은 명나라와의 관계를 이유로 집현전 학자들이 반대할 것을 우려하여 비밀을 지킬 수 있는 세조, 안평대군, 정의 공주와 같은 자신의 자식들로부터 도움을 받아 몰래 10여 년 동안 친히 연구하여 한글을 창제하기에 이르렀다. 그 후 집현전 부제학 최만리와 학자들의 거센 반대를 극복하며 신숙주와 성삼문과 같은 젊은 학자들로부터 도움을 받아 널리 한글을 알리고 펴서 누구나 쉽게 쓸 수 있도록 하였다.

한글은 어문학을 바탕으로 해서 발성기관의 모양을 응용하여 과학적으로 만들어진 문자이며, 그 시대에 이와 같이 과학적인 체계성을 가진 문자를 창조했다는 데에 전 세계 어학자들이 놀랄 정도이다. 한글의 우수성은 오늘날 컴퓨터 시대에 이어 모바일 시대에 와서도 더욱 빛이 난다. 타 언어와는 달리 한글의 과학적 구조가 모바일 환경과 잘 맞아 떨어져 자판 사용의 편리성이 높고 짧은 문장으로 더 많은 정보를 전달할 수 있으며, 음성인식 모바일 개발도 쉽다는 것이다.

자유가 주는 창조성 중에 다른 하나는 호기심이다. 호기심은 새롭고 신기한 것을 좋아하거나 모르는 것을 알고 싶어 하는 것을 말한다. 우리가 심적으로 자유로울 때 다른 사람이나 주위의 사물 및 상황에 관심을 가질 수 있다. 근심이 가득한 사람은 다른 사람을 만나도 그 근심거리에 몰두하느라 상대방의 말이 귀에 잘 들어오지 않는다. 오히려 근심으로 인해 위축되어 있는 자신을 보는 상대방은 이런저런 이야기를 하고 싶은 마음이 없어진다.

권위에 집착하고 있는 사람 역시 상대방의 말을 잘 경청하지 않는다. 내가 권위 있는 사람인데 감히 상대방이 나를 가르치려고 하니 기분이 좋지 않다는 식이다. 불평, 불만이 가득한 사람은 상대방을 만나면 불평하고 비난하기 바쁘고, 비난을 받은 상대방은 기분이 나빠 아예 자신이 가지고 있는 좋은 소식을 전하려고 하지 않는다. 그리고 게으른 사람은 사람을 만나는 것 자체도 싫어한다. 돈, 권력 등에 집착하는 사람들도 이와 같은 방식으로 주위의 사물과 상황들을 대한다.

반면, 호기심을 가진 사람들은 상대방과 다양한 대화를 하게 된다. 자신은 상대방이 저렇게 말을 시작하는 의도와 뜻을 알고 있다고 미리 단정하지 않고 상대방의 말을 끝까지 들으며, 궁금한 점은 질문을 하여 상대를 충분히 이해한다. 그러니 오해를 하여 상대방에게 감정을 자극하는 말을 하는 등의 잘못을 범하지 않는다. 자연히 상대방과의 관계도 좋아지고 이 좋아진 관계 덕에 서로 좋은 정보도 적극적으로 나눈다. 결국 자신은 더 좋은 정보를 더 많이 알게 되는 것이다. 또한 자신에 대한 비난, 불평, 불만에 대해 반발하지 않고 왜 저런 비난, 불평, 불만이 나오는지 분석하고 이해하여 한층 더 자신을 발전시키는 쪽으로 재빨리 전환시킨다. 마찬가지로 주위의 사물과 상황에 대해 궁금증을 갖고 탐구, 이해, 조정하는 일에 집중한다. 한 분야에 대한 관심이 높아 다른 분야에 대한 호기심이 없어져 집착과 구속에 빠져 있는 것처럼 보이는 경우가 있지만, 이 경우는 집착과 구속에 빠진 것이 아니라 관심이 높은 분야에 대해서 더욱 더 높은 호기심을 발휘하기 위해 자발적으로 선택한 것이라고 봐야 한다. 어떤 경우는 앞에서 언급된 그리고리 페렐만과 같이 사람과의 접촉을 아예 회피하는 경우도 있는데, 이 경우도 관심이 아주 높은 분야에 대해 더욱 더 높은 호기심을 발휘하는 데 방해를 받지 않기 위해서 자발적으로 선택한 것이라고 봐야 한다.

호기심은 협상력에도 영향을 미친다. 협상의 본질은 상대방의 이면까지 충분히 이해하고 자신과 상대방이 동시에 승리할 수 있는 대안을 적극 개발하여 합의점에 이르는 것이므로 호기심 어린 대화 없이는 좋은 협상을 이끌어 낼 수가 없다. 이처럼 순수한 동기에서 나오는 호기심은 인간관계뿐만 아니라 주위의 사물과 상황을 인식하는 데에 지대한 영향을 미친다.

때 묻지 않은 순수함을 가지고 있는 어린 시절에 우연히 생긴 호기심은 위대한 창조를 향한 운명적인 서막을 열기도 한다. 아인슈타인은 말년에 자신의 상대성이론이 탄생되도록 한 영감은 어린 시절에 보았던 나침반 바늘에서 출발했다고 고백했다. 그는 5살 때 아버지가 사준 나침판을 보면서 항상 나침반이 북쪽을 가리키도록 하는 보이지 않는 힘에 호기심이 우연히 발동되어 물리학자의 길을 걸었고, 26세 때인 1905년에 특수상대성이론, 37세 때인 1916년에 일반상대성이론을 발표하였다.

자유가 주는 창조성 중에 또 다른 하나는 지혜다. 지혜는 상황과 사물을 한쪽으로 치우쳐서 보지 않고 순수한 마음으로 있는 그대로 보는 과정에서 나온다. 과장도 없고 평가 절하도 없이 있는 그대로 보게 되면 폭 넓은 시야로 전체상황을 바르게 종합하고 판단할 수 있어 자신이 취하는 말과 행동에 유연성과 정확성이 부여되게 된다.

한 방향으로 집착하게 되면 자신이 집착하고 있는 쪽으로 치우쳐 주위 상황과 사물을 판단하게 되므로 한쪽만 고집하는 비생산적인 잘못된 행동을 취하게 된다. 예를 들면 한번 자신이 실패한 사실을 잊지 못하고 집착하게 되면 몸과 마음은 충격을 받아 위축되고, 다음에도 실패할 것이라는 무의식적인 불안감을 갖게 되어 다시 일어나 성공을 향해 재도전하지 않는다. 반면에 어떤 사실이나 기억에 집착하지 않는 순수함을 가진 사람은 한 발자국 뒤로 물러나 여유 있는 마음으로 뒤돌아보면서 자신이 왜 실패했는지 반성하여 지난 실패를 경험과 지식을 쌓는 좋은 기회로 재빨리 전환시켜 성공을 향해 재도전하는 발판으로 삼아 결국 성공을 이루는 지혜를 발휘한다.

다음은 반대를 이기고 경부고속도로 건설을 추진하여 대한민국 경제발전의 초석을 다졌던 박정희 대통령이 1964년에 서독을 방문하여 당시 서독총리에게 차관을 빌리기 위해 눈물로 지원을 호소한 이야기로 박 대통령이 집권한지 얼마 되지 않았을 때에 초심의 순수함에서 나온 이타심과 지혜가 만들어 내는 판단력뿐만 아니라 그에 따른 말과 행동은 감동적이다.

1964년 12월 8일 서독의 수도 본에 있는 에르하르트 총리 공관. 3년 전 군사혁명으로 집권한 박정희 대통령과 '전후 독일 부흥의 아버지'라 불리는 에르하르트 총리 간 정상회담이 열리고 있었다. 제1차 경제개발 5개년 계획을 추진 중이던 군사정부는 미국의 차관 거절로 자금이 부족했다. 우여곡절 끝에 광부와 간호사 7000여 명을 긴급 모집해 서독에 파견하고 그들의 월급을 담보로 1억 4000만 마르크(3000만 달러)의 차관을 얻었다.

박 대통령 "각하, 우리를 믿어주세요. 군인은 거짓말을 안합니다. 우리도 독일처럼 분단국가입니다. '라인강의 기적'처럼 경제를 살려서 갚겠습니다."

에르하르트 총리 "각하, 제가 이승만 대통령 시절 한국에 두 번 갔었습니다. 산이 많던데 그러면 경제발전이 어렵습니다. 대동맥을 뚫으세요. 독일에도 산이 많았는데 1932년 본-쾰른 간 아우토반을 건설했고 1933년 집권한 히틀러가 아우토반을 전국으로 확장, 건설한 것이 경제부흥의 원동력이 됐습니다. 각하께서 내일 그 역사적인 길을 가십니다. 히틀러는 정치는 실패했지만 경제발전의 초석을 닦았습니다. 폴크스바겐 공장을 만들고 철강공장을 만든 것도 히틀러였습니다. 각하도 고속도로를 만든 다음에 자동차 물동량을 늘리고 제철공장을 만드세요. 그리고 일본과 국교를 맺으세요. 지도자는 과거보다 미래를 봐야 합니다."

에르하르트 총리 "아직 사과를 안 했나요?"

박 대통령 "그렇습니다. 우리도 아량이 있습니다."

에르하르트 총리 "제가 사과시키겠습니다."

당시 두 정상 간 대화는 박 대통령 통역관으로 수행했던 백영훈 한국산업개발연구원 원장이 통역했다. 백 원장은 "그때 박 대통령이 에르하르트 총리에게 돈 꿔달라는 얘기를 몇 번이나 하면서 눈물을 흘렸다"며 "에르하르트 총리가 박 대통령에게 '니히트 바이넨(그만 우세요)' 이라고 했을 정도"라고 전했다. 에르하르트 총리의 말대로 그 정상회담 직후인 65년 1월 16일 일본 오히라 외무상이 서울에 와서 정식으로 사과했고 한·일 국교 정상화가 이뤄졌다.

박 대통령 일행은 그 다음날 본에서 쾰른까지 20㎞ 구간을 아우토반을 이용해 이동했다. 이 구간은 1928년 착공해 32년 완공한 세계 최초의 자동차 전용 고속도로였다. 박 대통령이 탑승한 벤츠 승용차는 시속 160㎞로 달렸다. 큰 충격을 받을만 했다. 박 대통령은 가는 도중 두 번이나 중간에 차에서 내렸다. 장기영 부총리, 이동원 외무부 장관, 이후락 비서실장도 따라 내렸다. 아우토반을 자세히 살펴본 박 대통령은 "어떻습니까. 좋죠? 히틀러가 했답니다. 우리도 할 수 있을까요?"라고 물었다. 대답은 부정적이었다. "힘든 일입니다. 그 시절이나 가능했지……."

박 대통령은 아랑곳하지 않고 동승한 서독 대통령 의전실장에게 처음 건설계획 수립부터 건설 방식, 관리 방법까지 꼬치꼬치 캐물었다. 통역

관이 전해주는 답변을 손수 메모하기도 했다. 백 원장에게 "우리가 여기서 보고 들은 것을 한국에 가서 실현할 것"이라며 결의를 다지기도 했다.

박 대통령이 서독 방문 8일간 일과가 끝나면 낮에 들은 얘기를 다 적어내라고 지시하는 바람에 백 원장은 매일 새벽 3시에 잠자리에 드는 강행군을 했다. 대통령 주치의가 놔주는 주사로 근근이 버텼다는 것이다.

서독 방문을 마치고 돌아온 박 대통령은 고속도로 건설에 몰두했다. 각 나라의 고속도로 건설 공사에 관한 기록을 공부했다. 사안이 사안이니만큼 비밀 유지도 철저히 했다. 고속도로 건설 구상이 미리 알려져 반대 여론이 들끓게 되면 착공도 하기 전에 좌초할 수 있다는 판단 때문이었다.

박 대통령은 아우토반을 달려 본 지 2년 4개월이 지난 67년 4월 제6대 대통령 선거 때 경부고속도로 건설을 선거공약으로 제시했다.

– 2010년 6월 27일자 중앙Sunday의 기사 중에서

자유가 주는 창조성 중에 마지막 하나는 교감이다. 교감이란 자신의 내면세계가 풍부한 감각으로 우주의 섬세한 부분까지 완전하게 느껴 우주와 하나가 되는 상태를 말한다. 이 교감에서 영감이 떠오르고, 이 교감과 자신의 개성이 가지고 있는 강점이 만나 예술적인 세련미가 나온다. 영감은 창조적인 일의 계기가 되는 기발한 착상이나 자극으로 내면세계의 자원 즉 무의식, 집단무의식, 기억, 상상력 등과 우주의 정기가 활발하게 어울려서 어느 순간 떠오르는 것이다. 예술적인 세련됨은 창조의 대상에 대한 세세한 부분까지도 이미 내면세계에 완성되어 있어 우주에 창조의 대상을 거침 없이 완성해 나아갈 수 있는 경지에 있는 상태를 말한다. 이 예술가적인 세련미를 가졌을 때 타인에게 예술성과 감성을 전해줄 수 있게 된다. 내면세계가 고정관념과 집착에 놓이게 되면 생각이 한쪽으로 치우치게 되거나 경직되고 위축됨으로써 자원 전체가 충분하게 사용되지 못하거나 내면세계의 상호작용이 무뎌져 풍부한 감각을 잃게 된다.

소설가 박경리 선생은 미술 실력도 우수해서 그림을 그려 친구에게 선물을 하기도 했다. 또한 그는 풀 한 포기까지도 교감할 수 있는 감각이 있어야 작품을 쓸 수 있다고 말했다. 집필 기간에 기자들이 찾아와 인터뷰를 요청하면 거절했는데, 인터뷰를 하게 되면 감각을 잃게 되어 집필할 수가 없기 때문이었다.

세종 대왕은 음악에도 관심이 많았고, 음악적인 감각도 뛰어났다. 명나라로부터 수입해 오던 한 악기를 국내에서 직접 제작하여 시연을 하는 중에 세종 대왕이 악기가 약간 잘못 제작되어 소리가 미세하게 높게 나오는 것을 지적하였는데 그 때 같이 시연을 했던 사람들은 그 미세한 소리의 높이를 알아차리지 못했지만, 세종 대왕의 지적대로 악기가 약간 잘못 제작되어 있는 것을 확인하고 수정하였다고 한다.

애플 CEO 스티브 잡스는 기술력과 인문학의 조화를 강조한다. 기술력은 사용자의 편리성과 즐거움을 주는데 중점을 두며, 인문학은 예술성에 중점을 둔다. 예술성이란 세세한 부분까지 완벽히 구현해 내는 것이다. 이와 관련하여 한 가지 예를 들면 애플이 스마트폰이나 아이패드에 구현하고 있는 터치 스크린 기술은 다른 업체에서도 가지고 있는 기술이지만, 애플이 주목 받는 이유는 세세한 부분까지 완전하게 구현해 내는 예술성 때문이라고 한다. 본래 컴퓨터 자판기로 쳐서 화면에 표시되는 글자는 단순한 모양 하나 밖에 없었는데 처음으로 다양한 글꼴과 크기를 사용할 수 있도록 한 사람이 스티브 잡스이다.

1933년에 히틀러가 독일의 통치자가 되자 독일을 떠나 미국으로 망명한 아인슈타인은 1934년, 망명 독일 과학자를 돕기 위한 연주회를 열 정도로 바이올린 연주를 잘 하였다고 한다. 아인슈타인의 어머니는 그가 5살 때부터 14세가 될 때까지 스파르타식으로 바이올린을 가르쳤다. 처음에는 어머니의 극성 때문에 바이올린을 마지못해 어쩔 수 없이 배웠지만, 13세가 될 무렵부터 바이올린에 매력을 느끼게 되었다. 훗날 그는 바이올린을 자식으로 비유하기도 하고, 영혼의 동반자로 여기기도 하며 늘 사랑했다고 한다. 그는 물리학자였지만, 음악 애호가이기도 했다.

명작 〈최후의 만찬〉과 〈모나리자〉를 그린 것으로 잘 알려진 레오나르도 다빈치는 1452년 이탈리아에서 태어나 67세에 세상을 떠날 때까지 독신으로 살면서 다양한 분야에서 뛰어난 능력을 발휘한 천재였다. 그는 화가이자 조각가, 발명가, 건축가, 기술자, 해부학자, 식물학자, 도시 계획가, 천문학자, 지리학자, 음악가였다. 어려서부터 인상 깊은 사물, 관찰한 것, 착상 등을 즉시 스케치해 낼 정도로 감각이 뛰어났다.

그런 다비치의 최초의 꿈은 과자 제조업자였던 의붓아버지의 영향으로 요리사이었다고 한다. 요리에 대한 관심은 1981년 러시아 에르미타주 박물관에서 발견된 그의 요리 관련 비밀 노트에서 자세히 확인할 수 있다. 이 요리노트는 그가 일기형식으로 직접 쓴 것이다. 그 당시 요리는 메추리, 개구리, 달팽이, 물개, 토끼, 뱀, 공작새, 양머리와 같은 것을 주재료로 해서 만든 기름지고 푸짐한 요리였고, 그는 이런 요리가 결코 몸에 좋지 않으니 세상 사람들이 채소와 생선을 주재료로 해서 기름이 거의 없고 간단하게 만든 담백한 요리를 먹도록 하고 싶었다. 이러한 자연 그대로에 가까운 담백한 요리는 현 시대 사람들이 먹는 음식으로 그는 500년을 앞서 담백한 요리의 중요성을 이미 알고 있었던 것이다. 그는 담백한 요리를 하기 위한 다양하고 예술적인 요리도구를 직접 제작하기도 했다. "나는 그들의 요리법이 잘못되었다는 것을 일깨워주고 말 것이다"라는 문장이 그의 노트에 있는데 그의 집념이 대단했음을 알 수 있다.

다빈치는 일했던 레스토랑에서 담백한 요리를 만들다 쫓겨나고, 직접 만든 담백한 요리를 팔기 위해 레스토랑을 운영하다가 망하기도 했다. 그후 자원해서 궁중에 들어가 다양한 분야에서 그의 천재성을 보여 총독의 환심을 얻었지만, 좋은 자리 마다하고 요리사가 되어 담백한 요리를 멋지게 총독에게 바치려다 그가 직접 만든 자동화 개념의 요리실이 엉뚱하게 작동되어 실패하는 바람에 한 수도원으로 가서 그림이나 그리라는 명을 받게 된다. 그 수도원에서 2년 6개월 동안 연구한 끝에 3개월 만에 여러 가지 그림을 그렸고, 그 중에 하나가 〈최후의 만찬〉이다. 최후의 만찬에 나오는 요리는 모두 그가 집념을 가졌던 담백한 요리이다. 그는 기름진 요리에 철저히 외면을 당한 담백한 요리의 중요성을 세상에 알리고 싶었던 것이었다. 그가 평생 동안 남긴 예술작품은 10여점에 불과하지만, 그의 요리에 대한 메모는 1만 4000여장에 이르며, 그의 천재성은 요리에서 비롯되었다고 한다.

여기서 레오나르도 다빈치가 돈, 권위, 권력, 명예, 게으름 등에 집착하지 않는 순수함을 지녔고, 그의 천재성은 오르지 자신의 올바른 생각에 집중하는 순수함과 그 순수함이 주는 다양한 자유의 속성들에서 나왔음을 알 수 있다. 특히 대상과의 교감에서 나오는 예술적인 감각이 뛰어난 점도 알 수 있을 것이다.

우주는 다양성을 추구한다. 은하, 별, 행성, 지구, 달, 그리고 생명체, 그 어느 하나 면밀히 살펴보면 같은 것이 없다. 한 예로 은하는 타원은하, 나선은하, 불규칙은하, 서로 출동하고 있는 은하 등 각기 조금씩 다른 모양을 하고 있고, 같은 타원은하라도 그 모양새나 크기, 은하가 가지고 있는 별의 수 등은 각기 다르다. 별 또한 천차만별이다. 크기가 조금씩 다르고, 홀로 있는 별도 있으며, 쌍성을 이루고 있는 별들이 있고, 표면 색깔도 저마다 다르다.

빅뱅 직후 초기 우주의 모습에서도 우주가 다양성을 추구하고 있다는 것을 알 수 있다. 구의 모양을 한 우주는 물질입자들이 모여 있는 수 없이 많은 물질구름들로 구성되어 있었다. 물질구름들은 하늘에 다양한 형태로 떠 있는 구름들처럼 밀도, 크기, 형태가 모두 조금씩 달랐고 구역별로 존재하는 숫자도 달랐다. 이러한 초기 우주의 모습을 초기우주의 비등방성이라고 한다. 초기 우주의 비등방성은 빅뱅 직후 초기 우주공간이 균질하지 않았다는 것을 말해주며 빅뱅 이후 시간이 계속 흐르고 우주가 지속 팽창하면서 천차만별의 은하, 별, 행성, 성간물질 등으로 구성된 현재의 신비로운 우주가 탄생하게 된 이유를 설명해준다. 현재 은하의 수는 약 2,000억 개 이며 한 은하에는 평균 약 2,000억 개의 별이 있는 것으로 추정하고 있다.

초기 우주가 비등방성을 가졌던 것은 빅뱅이 일어나는 순간 초고온의 에너지가 요동 치면서 팽창했기 때문이다. 과학자들은 만약 초기 우주가 비등방성을 가지지 않고 우주공간의 모든 부분이 균질했다면 현재 우주의 모습은 아주 단조로울 것으로 판단하고 있다. 초기 우주의 비등방성은 우주배경복사 비등방성(CMB, Cosmic Microwave Background)으로 확인할 수 있다.

빅뱅 직후에는 초고온의 에너지가 급팽창하면서 물질로 막 변화된 단계에 있었고 우주의 팽창이 초기단계에 있었기 때문에 우주공간의 냉각이 충분히 일어나지 않아 물질구름들은 고온의 상태에 있었으며, 이 고온의 물질구름들은 파장이 짧은 빛인 X선을 많이 방출했다. 팽창하는 공간은 냉각되고 압축되는 공간은 온도가 상승한다. 흑체복사법칙에 따르면 물질의 온도가 높을수록 물질은 TV와 라디오 송수신에 사용되는 극초단파(Microwave)와 같이 파장이 긴 빛은 더 적게 방출하고 X선과 같이 파장이 짧은 빛을 더 많이 방출한다.

이 X선이 우주가 태어난 순간에 고온의 물질구름들로부터 방출되어 현재까지 아주 먼 거리를 이동하여 극초단파(Microwave)로 변화된 상태로 현재 지구에 도착하고 있다. 우주배경복사는 사방에서 오는 이 극초단파를 말하며, 빛은 전자기파이다. 파는 이동하는 거리가 길수록 파장이 그 만큼 길어진다. 태초에 고온의 물질구름들이 방출한 이 빛이 현재 지구에 도착하고 있다는 것은 빅뱅 순간부터 현재까지 우주의 평균 팽창속도가 빛의 속도와 거의 같다는 말이다. 다시 말해 우주의 팽창속도는 빅뱅의 폭발력과 물질들 간 서로 당기게 하는 중력과 우주의 팽창을 가속시키는 암흑에너지의 합에 의해 결정되고, 현재의 팽창속도가 초당 약 30만 Km를 이동하는 빛보다 훨씬 작은 초당 71Km이므로 빅뱅 당시에 초고에너지의 강한 폭발력으로 우주의 팽창속도는 빛보다 아주 빨랐다가 물질구름들 사이에 서로 당기는 힘인 중력에 의해 팽창속도가 줄어들었고 이후 암흑에너지에 의해 다시 팽창이 가속되기 시작했다는 것이다.

우주배경복사 온도지도 흑백이미지 (빅뱅 이후 1초가 지난 우주의 모습.
어두운 색깔일수록 온도가 낮음) [출처: NASA]

어느 한 점에서 자동차와 X선이 같은 방향으로 출발했고, 자동차의 속도
는 초기에는 빛보다 아주 빨랐다가 이후 시간이 지날수록 점점 줄어들었다가
다시 가속되어 137억년이 지난 현재 초당 71Km이고 출발시점부터 현재까지의
평균속도가 빛의 속도와 같으며, X선의 속도는 초기부터 현재까지 빛의 속도
와 같다고 가정해 보자. 자동차를 운전하고 있는 사람은 초기에 빛이 뒤로 사라
졌다가 137억년이 지난 지금 뒤로 사라졌던 X선이 극초단파로 변화되어 자신
에게 도착하는 것을 관측할 수 있다. 이는 현재 우리가 지구에서 태초의 빛인
우주배경복사를 보는 이유를 말해 준다. 초기 우주공간에서 고온상태에 있던
물질구름들의 밀도, 크기, 모양이 각자 달랐고 구역별 물질구름들의 숫자가 달
랐기 때문에 각 구역별 온도는 조금씩 차이가 났고, 흑체복사법칙에 따라 구역
별로 방출하는 X선의 양은 조금씩 차이가 났다. 따라서 현재 구역별로 지구에

도착하는 극초단파의 양은 조금씩 차이가 나는데 이를 우주배경복사 비등방성이라고 한다. 역으로 우주배경복사 비등방성은 초기 우주공간에서 고온상태에 있던 물질구름들의 밀도, 크기, 모양이 각자 달랐으며 구역별 물질구름들의 숫자가 달랐다는 것을 설명해준다. 우주배경복사 비등방성은 미국 나사에서 1989년 발사한 탐사선 COBE와 2001년 발사한 탐사선 WMAP이 밝혀냈다.

우주의 다양성은 빅뱅 직후의 우주공간에서 각 지역별로 물질의 밀도가 미세하게 달랐기 때문에 나타났다. 각 지역별 물질의 존재형태 차이가 우주의 다양성을 만들어낸 것이다. 초기 우주공간에서 지역별로 존재하는 물질의 차이는 각 지역별로 떼어놓고 본다면 그 구간의 개성을 나타낸다. 인간의 초기 개성도 마찬가지로 태어나는 순간 각자 가지고 있는 차이이다. 태어날 때 생기는 인간의 다양성은 초기 우주의 비등방성과 다름없다. 초기 우주의 비등방성이 현재의 신비로운 우주를 탄생시켰듯이 인간의 다양성은 신비로운 인간세계를 탄생시켰다. 초기 우주의 비등방성이 없다면 현재의 다양하고 신비로운 우주가 없는 것처럼 태어날 때 인간의 다양성이 없다면 현재의 다양하고 신비로운 인간세계가 없을 것이다.

사랑 = 중력, 끌어당김과 개성의 발전

우주의 진화에 있어서 물질 상호간에 작용하는 중력의 역할은 무척 중요하다. 한 물질구름 안에 있는 물질입자들은 상호간에 작용하는 중력에 의해 서로 단단히 뭉쳐진다. 결국 물질구름은 하나 또는 여러 개의 응집된 구의 형태로 크기가 줄어든다. 물질구름들은 서로 당겨서 합쳐지기도 하며 응집되어 가면서 서로 주위를 공전하기도 한다. 물질구름들은 결국 다양한 형태의 은하, 별, 행성, 지구, 달로 진화한다. 중력이 없다면 우주공간에는 안개처럼 떠다니는 물질입자들로만 가득히 차 있을 것이다.

인간이 가지고 있는 힘 중에서 중력에 해당하는 것은 사랑일 것이다. 사람이 어떤 것을 사랑하게 되면 자신에게 사랑하는 것과 연관되는 지식, 기술, 사실, 행동, 생각 등을 외부세계와 자신의 내면세계로부터 끌어당긴다. 예를 들어 어떤 사람이 뜨개질로 멋있고 실용적인 옷과 목도리를 만드는 것을 사랑한다고 가정해 보자. 그 사람은 뜨개질 하는 기술과 지식을 고수들로부터 배우든지 아니면 자신이 직접 실험해보던지 해서 자연스럽게 습득한다. 자나 깨나 뜨개질을 하고 싶어서 가능한 상황이면 언제든지 뜨개질을 한다. 어디를 가나 무엇을 보거나 만질 때도 '저 사람이 입고 있는 옷을 뜨개질로 만들면 어떨까?' 아니면 '저 사람이 입고 있는 옷은 어떤 실로 만들었을까?' 라는 식으로 눈으로 보거나 손으로 만지는 것을 뜨개질과 연관시킨다. 자신이 이미 알고 있는 사실들을 뜨개질에 응용하기도 한다. 또한 뜨개질을 사랑하기 전에는 잘 보이지 않

창조의 기둥 (물질구름 안에 별들이 형성되고 있는 모습)

았던 실매장이나 뜨개질로 만든 옷을 입고 지나가는 사람들이 많이 보이기 시작하고, 어떤 실매장이 가장 좋은 실을 가장 싸게 판매하는지도 알게 된다.

그리고 배우고 익히는 과정에서 뜨개질을 잘 하는 방법을 찾아내고 실을 사고 뜨개질을 하는 것 등 뜨개질과 관련된 모든 것들이 행복감을 준다. 왜냐하면 뜨개질은 사랑하는 애인과 같아서 늘 함께하고 싶고, 함께할 때 행복할 수밖에 없기 때문이다. 사랑하는 정도가 클수록 이러한 상황은 더욱 깊고 빈번하게 일어난다. 마치 중력이 크면 물질들을 당기는 힘이 커져 끌어당기는 것이 많아지는 것과 같다. 사랑하는 정도가 크면 사랑하는 것과 자신을 동일화시켜 사랑하는 것과 관련된 활동들에 혼을 불어넣는 열정을 발휘하게 된다. 열렬히 사랑하는 남녀가 상대방이 없이는 살수 없다고 느끼며 상대방을 위해 열정적으로 무엇인가를 행하는 것과 같다. 또한 자신이 태어났을 때의 초기 개성과 이후 자신이 끌어당긴 것들이 통합되어 서로 어울리고 의미를 갖는 어떤 것이 되었을 때 그것이 자신에게서 차지하는 비중이 높아지면 자신과 그것을 동일시하게 된다.

우리가 태어날 때 가지고 있는 초기 개성은 우주공간에서 한 지역의 독창적인 물질분포와 같으며 이 물질들은 중력으로 서로 당긴다. 인간은 유아기 때부터 오감을 통해 정보를 끌어들여 자기 것으로 만들면서 성장한다. 인간의 초기 개성도 사랑에 해당되는 중력을 가지고 있기 때문이다.

우주공간에서는 물질구름들의 밀도, 모양, 크기가 각기 다르고 한 물질구름 주변에 위치한 다른 물질구름들의 분포형태도 다르기 때문에 한 물질구름이 외부로부터 끌어당길 수 있는 것도 천차만별이었다. 예를 들어 하나의 물질구름이 주변에 다른 물질구름들이 없다면 홀로 별이나 태양계로 진화해야 하지만, 주변에 다른 물질구름들이 있다면 그 물질구름을 당겨서 좀 더 규모가 큰 별이나 태양계로 발전할 수 있다. 또한 물질구름의 모양이 기다란 원통 모양이라면 그 원통 모양에 맞게 주변의 물질구름들을 끌어당길 수 있고 구 모양이라면 구 모양에 맞게 다른 주변의 물질구름들을 끌어당길 수 있다. 왜냐하면 물질구름의 모양에 따라 주변에 만드는 중력의 형태가 다르기 때문이다.

마찬가지로 인간의 초기 개성은 자신의 초기 개성의 형태와 어울리는 것을 끌어당기려고 하며, 인간이 성장했을 때의 개성은 초기 개성의 형태와 주변 환경에 영향을 받는다. 초기 개성이든 주변의 것을 끌어들여 발전한 개성이든 개성의 형태에 따라 주변에 형성되는 중력의 모양이 다르기 때문에 자신의 개성과 어울리는 것을 끌어당기려고 한다. 이는 자신의 개성을 마음껏 활용하고 표현하려고 하는 개성에 대한 동경심으로 나타난다. 인간은 누구나 자신의 개성을 마음껏 활용하고 표현하고자 하는 무의식적인 욕구를 가지고 있다는 말이다. 결국 어떤 사람이 한 시점에서 자신이 사랑하게 되는 것은 그 시점에서 형성되어 있는 자신의 개성과 어울리는 것일 수밖에 없다는 말이기도 하다.

어떤 한 시점에서 사랑하게 되는 것이 그 시점에서 형성되어 있는 개성에 의해 결정되지만, 개성 또한 사랑하게 되는 것에 의해 아주 빠르게 발전한다. 사랑은 끌어들이는 힘을 증가시켜 더욱 많은 것을 빨리 끌어당기면서도 개성과 어울리는 것을 끌어당기기 때문이다. 그리고 주지해야 할 것은 자신이 끌어당긴 것 중에서 한 가지가 양은 얼마 되지 않으나 결정적인 역할을 하여 개성과 사랑하는 것을 급진적으로 바꿀 수도 있다는 것이다. 예를 들면 어느 순간 한 가지 사실을 알았는데, 그 사실이 자신에게 큰 깨달음을 주어 자신의 마음과 행동이 바뀌고 나아가 삶이 바뀌는 경우이다.

어느 한 시점에서 어떤 사람의 개성은 결국 그 사람이 태어날 때 가지고 있는 것과 태어나서 끌어들인 것으로 구성된다. 어떤 사람이 가지고 있는 것은 자원이고 그 자원의 집합체가 개성을 형성하는 것이다. 자원은 음악에 비유하면 음악을 연주하는 악기, 음악을 작곡하고 연주하고 싶어 하는 욕구, 음의 장단과 고저를 나타내는 음표와 같은 것들이다.

여기서 핵심자원은 재능이다. 재능은 태어날 때 가지고 있는 것과 태어날 때부터 어린시절까지 끌어당긴 것들로 거의 구성된다. 재능은 음악을 연주하는 악기의 종류와 같은 것으로 피아노라는 재능을 가진 사람은 기타라는 재능을 가진 사람을 흉내를 낼 수는 있지만, 피아노가 기타 고유의 음향을 낼 수 없고 기타가 피아노 고유의 음향을 낼 수 없듯이 타인의 재능을 가질 수 없다. 다시 말해 재능은 우주가 각 개인에게 주는 서로 다른 유일한 것이다. 사람들은 자신의 개성을 마음껏 활용하고 표현하고자 하는 동경심을 가지고 있는데 그 동경심을 유발하는 핵심이 재능이며, 이로 인해 재능을 사용할 때 남다른 탁월성을 보이고 편안함과 만족감을 느끼게 된다.

개성은 강점과 약점을 갖는다. 개성이 동전이라면 동전이 양면을 가지듯이 강점과 약점을 갖는다는 것이다. 재능은 지식과 기술의 습득으로 강화되어 개인의 강점으로 발전된다. 즉, 개인의 강점은 재능과 지식과 기술이 더해져 형성되는 것이라는 뜻이다. 여기서 중요한 것은 재능만으로 개인의 강점을 형성할 수 있지만, 지식과 기술만으로는 강점을 형성할 수 없다는 것이다. 지식과 기술은 재능을 보좌하는 역할만 하기 때문이다. 따라서 피아노를 잘 치기 위해서는 바이올린과 관련된 지식과 기술이 아닌 피아노와 관련된 지식과 기술을 습득해야 하는 것 처럼 재능과 어울리는 지식과 기술을 습득해야 하는 것도 중요하다. 만약 개성과 어울리지 않는 것들이 끌려온다면 개성의 발전에 일관성이 결여되어 문제가 생길 수 있다는 것이다.

우주는 다양성을 추구하기 때문에 모든 개체 하나하나에 의미를 부여해 놓았다. 다양한 개체들이 조화를 이루면서 우주의 진화를 이어간다. 사소해 보이지만 그 어느 것도 의미 없는 것이 없다. 우리 인간도 각자 조금씩 다른 개성을 가지고 있으며, 그 속에 독특한 강점을 가지고 있다. 따라서 강점은 독창적인 것으로 독창적이지 않은 것은 강점이 아니다. 모방이 위험한 이유는 모방의 대상인 상대의 강점은 유일한 것으로 아무리 상대의 강점을 모방한다 해도 자신의 것으로 만들 수가 없고, 그 상태에서 상대가 강점을 가진 분야에서 경쟁을 하게 되면 절대 이길 수 없기 때문이다. 우리 모두는 각자 의미 있는 소중한 존재로서 자신만의 유일한 강점을 가지고 있음을 인지하고, 자신의 약점을 개선하는 데에 초점을 두지 말고 강점을 조기 발견 및 발전시키고 일관성 있게 지속 활용할 수 있도록 자신의 삶의 방향을 창의적으로 설정해야 한다. 자신의 약점은 누군가가 유일하게 가진 강점으로 자신의 약점을 강점으로 만들 수 없음을 유념해야 한다.

어떤 시점에서 어떤 사람이 창조할 수 있는 것은 그 사람이 그 시점에 가지고 있는 것에 의해 결정되고 그 사람이 그 시점에 가지고 있는 것은 그 시점에서 그 사람의 개성이므로 어떤 한 시점에서 어떤 사람이 창조할 수 있는 것은 개성의 범위 내에 있을 수밖에 없다.

우주공간의 물질구름은 물질입자들 간에 작용하는 중력으로 인해 서서히 수축된다. 수축하는 물질구름은 원반 모양으로 납작해지면서 한쪽 방향으로 회전을 하며 물질구름의 내부는 수축으로 인한 압력의 증가로 온도가 상승한다. 원반 모양으로 회전하면서 응축되는 물질구름의 중심부에는 구 모양의 원시성(原始星)이 형성된다. 원시성의 중심부는 온도가 섭씨 백만 도까지 올라간다. 물질구름에서 원시성이 생성될 때까지 수백만 년이 걸린다. 원시성은 지속적으로 중력에 의해 압축되면서 내부의 온도가 상승해 가며 원시성이 생성된 시점부터 천만 년 정도가 더 흐르면 중심부의 온도가 섭씨 천만 도까지 상승한다. 이때 원시성의 중심부에서 수소핵융합반응이 일어나면서 핵에너지가 발생되는 항성, 즉 별이 탄생한다. 원시성이 핵에너지를 생산하면 별이 되는 것이다.

원시성은 내부의 온도 상승이 중력에 의한 압축에 따른 것이지만, 별은 수소를 태우면서 자체적으로 에너지를 생산한다. 수소원자 4 개가 합쳐져서 하나의 헬륨원자로 변하는데 수소원자 4개의 총질량이 헬륨원자 하나의 질량 보다 더 크므로 수소원자 4개가 헬륨원자로 변화될 때 수소원자 4개가 가지고 있는 총질량(4.03176)과 헬륨원자 하나가 가지고 있는 질량(4.0026)의 차이만큼이 아인슈타인의 질량과 에너지 등가원리($E=MC^2$, E는 에너지, M은 물질의 질량, C는 빛의 속도를 나타냄)에 의해 에너지로 전환된다. 이를 수소핵융합반응이라고 한다.

원자는 크게 양성자와 중성자가 결합된 핵과 핵 주위를 공전하는 전자로

물질구름이 응축되어 별이 형성되고 있는 모습
(가운데는 별이 형성되고 주변의 물질구름은 추후 다양한 행성들이나 몇 개 이내의 별로 진화한다.)

구성되어 있다. 양성자의 질량은 1.6726×10^{-27}Kg, 중성자의 질량은 1.675×10^{-27}Kg, 전자의 질량은 9.107×10^{-31}Kg이다. 전자의 질량은 양성자와 중성자의 질량보다 약 1,800배 작기 때문에 원자의 질량은 양성자의 질량과 중성자의 질량을 합한 것에서 결합에너지를 뺀 것과 거의 같다. 원자에서 양성자의 수와 전자의 수는 같으며 원자번호는 양성자의 수 또는 전자의 수이다. 또한 원자에서 중성자의 수는 양성자의 수에 거의 비례하지만 반드시 같지는 않다. 가장 가볍고 단순한 원소인 수소는 양성자 한 개와 전자 한 개로 구성되어 있고, 헬륨은 양성자 2개, 중성자 2개, 전자 2개로 구성되어 있다. 무거운 원소일수록 양성자의 수, 중성자의 수, 전자의 수가 많다.

현재 우주에는 가장 단순하고 가벼운 원소인 수소가 가장 많고 그다음으로 두 번째로 무거운 헬륨이 가장 많다. 원자들의 핵융합은 수소와 수소, 수소와 헬륨, 헬륨과 탄소, 수소와 탄소, 탄소와 산소와 같은 조합으로 같은 원자끼리 또는 다른 원자끼리 이루어진다. 그리고 전자는 음의 전기적 특성, 양성자는 양의 전기적 특성, 중성자는 중성의 전기적 특성을 지니며, 양전자와 전자를 잃고 얻는 과정을 통해 양성자가 중성자로, 중성자가 양성자로 전환된다.

가벼운 원소들이 합쳐져서 무거운 원소로 변화되는 핵융합반응은 섭씨 천만도 이상의 초고온에서 일어난다. 또한 합쳐지는 원소들이 무거울수록 핵융합반응이 일어나는 온도는 그 만큼 더 올라간다. 예로 수소원자 4개가 헬륨원자 하나로 융합되는 온도는 천만 도 이지만, 헬륨원자 3개가 탄소원자 하나로 융합되는 온도는 8천만 도이다. 그리고 핵융합으로 생성되는 원소가 무거울수록 핵융합으로 인해 발생되는 에너지는 그만큼 더 많다. 하지만 철, 코발트, 니켈보다 무거운 원소가 생성되는 핵융합단계까지 올라가면 에너지가 발생되는 것이 아니라 에너지가 흡수되어 그만큼 별의 내부 에너지가 사라지고 온도가 내려간다. 원시성이 중심부의 온도가 천만 도까지 올라가서 별로 성장하기 위해서는 물질구름의 규모가 일정 수준을 초과해야 한다. 물질구름의 규모가 클수록 자체 중력에 의해 스스로를 압축시키는 압력이 그만큼 더 커져 원시성의 내부 온도가 그 만큼 더 상승할 수 있기 때문이다. 우리 태양은 하나의 별이고, 우리 태양계를 형성하기 위해서는 태양계 크기보다 100배 더 큰 물질구름이 필요하다.

우리 태양의 질량은 헬륨을 탄소로 융합시킬 수 있는 규모는 되지만, 탄소를 탄소보다 무거운 원소로 융합할 수 없다. 태양이 탄소를 탄소보다 무거운 원소로 융합하기 위해서는 태양의 내부 온도가 6억 도까지 상승해야 하나 태양의 질량에서 형성되는 중력이 태양의 중심부가 그 온도까지 상승할 만큼 태양 스스로를 압축해 주지 못하기 때문이다. 우리 태양은 나이가 약 50억년으로 생성된 후 현재까지 수소를 헬륨으로 융합시키고 있는데, 지금으로부터 약 50억년이 지난 뒤 수소를 소진하고 헬륨을 탄소로 융합시키면 태양 중심부에서 발생되는 핵에너지가 증가하여 태양의 내부 온도가 급격히 상승한다. 이로 인해 태양의 내부를 바깥으로 밀어내는 팽창력이 증가하고, 팽창력이 증가하면 태양의 중력에 의해 작용되는 압축력보다 커지므로 태양은 부풀어 오르면서 생을 마감해 간다.

태양보다 질량이 8배 이상 큰 별들은 별을 중심부로 압축시키는 중력에 의한 압축력이 높아져 중심부에서 철, 코발트, 니켈을 생성해 낼 만큼 온도가 상승하는 단계까지 가면서 양파와 같이 동일 원소로 구성된 층들이 별 내부에 형성된다. 외부는 가장 가벼운 원소의 층이 있고 안으로 갈수록 그 만큼 더 무거운 원소의 층이 형성되는데 가장 외부는 수소와 헬륨층이 있고, 안으로 갈수록 크롬층, 망간층, 철층, 코발트층이 형성되며, 가장 중심부에 니켈층이 형성된다. 철, 코발트, 니켈보다 무거운 원소가 생성될 때는 에너지를 흡수하므로 중심부에 철, 코발트, 니켈이 많이 쌓이면 중심부의 온도가 급격히 내려가 중심부가 외부 층으로 팽창하려는 팽창력이 급격히 낮아진다.

중심부에서 철, 코발트, 니켈의 총질량이 태양 질량의 약 1.5배에 달하면 중력에 의해 중심부로 압축되려는 외부 층에 짓눌려 중심부가 어느 순간 아주 빠르게 응축되고, 중심부가 응축되고 난 후의 빈 공간을 매우기 위해 외부 층이 중심부로 빠르게 수축하면서 중심부와 외부 층이 충돌한다. 이 충돌로 인해서 별이 강하게 폭발을 하며 중심부만 남고 모든 층들이 우주공간으로 물질구름의 형태로 흩어져 날아간다. 이 폭발은 빅뱅이후 우주에서 일어나는 가장 강력한 폭발이며 이 순간 방출되는 에너지는 태양이 약 100억년의 일생동안 방출하는 에너지의 300배에 달한다. 별이 폭발할 때 온도가 아주 높아 이 순간에 백금 등 수 많은 종류의 원소들이 핵융합으로 한 순간에 생성되기도 하면서 우주공간으로 날아간다.

별이 폭발하고 나면 중심부에는 직경이 약 140만Km인 태양보다 1.5배 크기의 별이 직경 약 15Km 크기로 응축된 중성자별이나 그 보다 더 응축되어 밀도가 측정이 불가능할 정도로 큰 블랙홀이 생성된다. 중성자별 표면에 있는 한 스푼의 물질은 수십억 톤의 무게를 갖고 블랙홀의 표면에서 작용하는 중력의

태양보다 질량이 8배 이상 큰 별들이 폭발하고 난 후의 모습
(폭발할 때 아주 밝게 빛나므로 마치 새로운 별이 탄생하는 것과 같다고 하여 초신성이라고 함)

크기는 빛도 탈출하지 못할 정도로 가공할 수준이다. 어떤 물질의 밀도가 크면 클수록 그 물질 표면에서의 중력은 더욱 커진다. 이와 같은 과정을 거치면서 태양보다 질량이 8배 이상 큰 별들은 생을 마감한다.

빅뱅 이후 처음에는 수소와 같은 단순하고 가벼운 원소만 우주공간에 존재했지만, 별이 형성되고, 별 내부에서 핵융합으로 각종 원소들이 생성되고, 별이 폭발하면서 더 많은 종류의 원소들이 생성되고, 생성된 다양한 원소들이 별의 폭발력에 의해 우주공간으로 물질구름의 형태로 흩어져 날아가면서 우주공간에는 다양한 원소들이 존재하게 되었다. 이렇게 우주공간에 흩어진 다양한 원소로 구성된 물질구름들이 다시 응축되어 한 단계 더 진화된 태양계를 형성하고 오늘날 지구상의 모든 생명체를 구성하는 물질이 되었다.

질량이 큰 별일수록 자체 중력이 커져 빨리 수축 및 응축되고 빠르게 핵융합이 진행되어 수명이 짧다. 태양의 수명이 약 100억년인데 태양보다 질량이 10배가 큰 별의 수명은 태양보다 1,000배나 작아 천만년 정도밖에 되지 않는다. 이것은 큰 별이 다양한 원소를 빨리 생산하여 우주공간에 흩뿌려 더욱 진화된 우리 태양계 같은 것들이 빨리 형성될 수 있도록 하는 역할을 하고, 태양과 같은 크기의 별들은 오랜 세월동안 에너지를 꾸준히 고르게 우주공간으로 공급하여 지구에서와 같이 다양한 생명체들이 그 에너지를 이용해 진화할 수 있도록 하는 역할을 한다는 사실을 말해 준다.

지구에서 지표면부터 내핵까지 고려했을 때 가장 많은 금속이 철인 이유는 별이 폭발하기 직전에 별의 내부에 철, 코발트, 니켈이 가장 많이 축적되어 있는데 코발트와 니켈은 가장 중심부에 축적되어 있어 별이 폭발할 때 중성자

별이나 블랙홀에 대부분 남아있지만 철은 별이 폭발할 때 대부분 우주공간으로 날아가기 때문이다.

끌어당겨져 온 원소들의 핵을 융합하여 가벼운 원소를 무거운 원소로 전환시키는 힘은 핵력 중에서 강력이다. 강력은 원자들의 핵에 있는 핵자들 간에만 작용하는 힘이다. 핵자는 양성자와 중성자를 말한다. 강력은 핵자들이 1~2fm (1fm = 10^{-15}미터) 거리에 있을 때에만 핵자들 사이에 작용하는 인력으로 양성자와 양성자 사이에 작용하는 전기적 척력에 비해 약 100배 강한 힘이다. 또한 1fm 이하의 거리에서는 오히려 강한 반발력이 작용하여 두 핵자가 0.5fm 이내로는 접근하지 못하게 한다. 핵자들 사이에 작용하는 강력에 의한 인력이 양성자와 양성자 사이에 작용하는 전기적 척력보다 100배 크기 때문에 핵이 붕괴되지 않고 유지되는 것이다. 동일한 전기적 성질을 가지고 있으면 척력이 작용하고 서로 다른 전기적 성질을 가지고 있으면 양성자와 전자가 서로 당기듯이 서로 당긴다. 원자들의 핵에서 전기력을 가지는 것은 양성자이며 중성자는 전기력을 가지지 못한다. 따라서 원자들의 핵과 핵은 2fm(1fm = 10^{-15}미터) 내로 가까워지지 않으면 원자들의 핵 사이에 강력에 의한 인력이 작용하지 못하고 각각의 핵에 있는 양성자 간의 전기적 척력만 작용하여 원자들의 핵들이 서로 밀쳐 핵융합이 이루어지지 않는다. 강력의 작용 범위에는 제한이 있지만 전기력의 작용 범위에는 제한이 없기 때문이다.

별 내부의 온도가 올라가면 갈수록 원자들이 움직이는 속도는 빨라지고 원자들 간의 충돌강도는 더욱 커진다. 원자들의 핵이 융합되기 위해서는 원자들이 충돌하는 순간에 원자들의 핵이 원자들의 핵 간에 작용하는 전기적 척력을 뚫고 2fm(1fm = 10^{-15}미터) 이내로 가까워져서 원자들의 핵 간의 거리가 강력에 의한 인력이 작용하는 범위 내로 좁혀져야 한다. 이는 별의 내부 온도가 충분히 올라가서 원자들의 운동 속도가 충분히 증가해야 원자들 간의 충돌강도가 충분히 커져 핵융합이 일어날 수 있다는 것을 설명해준다.

핵력에 해당하는 인간의 정신 능력은 사고라고 말할 수 있을 것이다. 사고는 논리와 이성을 바탕으로 깊이 생각하는 것, 대화, 토론, 상상력, 영감 등으로 나눌 수 있다. 논리와 이성을 바탕으로 깊이 생각하는 것을 '사고1'로 정의하고 대화, 토론, 상상력, 영감 등을 합쳐서 '사고2'로 정의하자. 핵력은 강력과 약력이 있는데 핵자들을 결합시키고 원자들의 핵을 융합시키는 힘인 강력에 해당하는 것은 사고1이다. 중력에 의해 끌어당겨진 것을 이용해 강력이 별 내부에서 새로운 것들을 끊임없이 만들어 내듯이 사고1은 사랑에 의해 자신의 내면세계에 끌어당겨진 것을 재조합하여 다양하고 새로운 것들을 만들어 낸다. 강력이 일정한 조건과 법칙에 준하여 새로운 것들을 만들어 내듯이 사고1도 이성과 논리라는 일정한 조건과 법칙에 따라 새로운 것들을 만들어 낸다.

별의 내부에서 강력이 원자들의 핵을 융합시켜 새로운 원소를 만들어 내기 위해서는 앞에서 언급된 바와 같이 그만큼 충분히 많은 물질구름들이 중력에 의해 끌어당겨져 별의 크기가 그만큼 충분히 커져야 하듯이 사람도 새로운 것을 만들어 내기 위해서는 그 새로운 것에 맞게 충분한 지식, 정보, 기술, 행동 등을 끌어들여야 한다. 자신이 새롭게 만들고자 하는 것에 어울리지 않게 적게 끌어들인다는 것은 요행과 우연을 바라는 것인데 요행과 우연은 없음을 우주는 가르쳐 주고 있다. 그리고 자신이 끌어들인 것이 많다면 그만큼 장차 훌륭한 것을 창조할 수 있는 가능성이 높다는 것도 말해주고 있다.

약력은 불안정한 상태에 있는 원자가 알파붕괴, 베타붕괴, 감마붕괴 등 방사성붕괴를 일으키며 안정된 상태로 가게 하는 힘이다. 중원소인 우라늄, 토륨, 칼륨과 같이 α선(알파 붕괴시), β선(베타 붕괴시), γ선(감마 붕괴시) 등의 방사선을 방출하며 스스로 방사성붕괴를 하는 원소를 방사성원소라고 한다. 자연스러운 방사성붕괴를 통해 우라늄이 납으로, 토륨이 수은으로, 칼륨이 아르곤과 칼슘으로 바뀌면서 에너지인 방사선을 방출한다.

지구 내부 전체에는 여러 가지 방사성원소가 흩어져 있고 방사성원소가 붕괴하면서 지구내부에 열을 공급한다. 현재 지구내부에 방사성붕괴를 통해 열을 가장 많이 공급하는 방사성원소는 우라늄, 토륨, 칼륨이다. 또한 지구 자체 중력에 의해 지구내부가 압박 받아 지구내부의 온도가 상승한다. 지구내부의 열은 방사성붕괴를 통해 약 75%가 발생되고 중력에 의한 압력으로 약 25%가 발생된다. 지구내부의 열은 지표면을 통해 빠져 나가므로 지구내부의 온도는 깊이 들어갈수록 올라간다.

지구 내부는 지각, 맨틀, 내핵, 외핵으로 구성되어 있으며 지각은 고체암석, 맨틀은 반고체 암석, 외핵은 철과 니켈을 주성분으로 하는 액체, 내핵은 철을 주성분으로 하는 고체로 이루어져 있다. 내핵의 온도는 태양의 표면 온도와 비슷한 섭씨 약 5,500 도이다. 외핵은 초고온의 액체이고 내핵은 초고온의 고체인 상태에서 지구가 자전을 하기 때문에 외핵과 내핵은 회전속도가 다르다. 이로 인해 우주방사능으로부터 지구를 보호해 주는 지구자기장이 형성되어 지구에서 생명체들이 진화하며 살아갈 수 있다. 또한 지구내부의 열을 지표면으로 분출하기 위해 화산활동이 일어나며 화산활동은 다양한 화산섬을 만들고 지표면을 다양한 형태로 만들어 낸다. 그리고 태양의 빛이 도달하지 못하는 아주 깊은 심해의 바닥에서 다양한 생명체들이 이 지열을 이용하여 번성한다.

　이처럼 약력은 끌어당겨져 온 것들이 자연스럽게 새로운 것을 만들어 내도록 한다. 약력에 해당하는 인간의 능력은 '사고2'로 볼 수 있다. 사랑에 의해 끌어당겨진 것들은 불안정한 상태에 놓여 있는 경우가 많다. 여러 사람이 모여 대화를 하거나 토론을 하면 불안정한 상태에 있던 것들이 정리가 되어 안정된 상태로 가면서 갑자기 좋은 아이디어가 떠오르거나 한다. 또한 논리에 구속되지 않고 자유롭게 상상을 하게 되면 마찬가지로 좋은 발상이 일어나기도 한다. 그리고 모든 것을 다 잊고 휴식을 하거나 다른 무엇인가를 하고 있으면 갑자기 좋은 영감이 떠오르기도 한다. 이러한 자연스러운 사고작용을 물리학의 약력에 비유할 수 있을 것이다.

   태양에서 핵융합으로 생산된 에너지가 전자기파인 빛의 형태로 지구에 알맞게 도달하기 때문에 다양한 생명체가 지구에서 진화하며 살아간다. 전자기력이 없다면 태양의 에너지를 지구로 전달할 수 있는 마땅한 수단이 없다. 전자기력은 에너지가 필요한 지구의 생명체들에게 알맞게 에너지를 전해주는 역할을 하는 유일한 것이라는 말이다. 지구의 자기장은 지구가 자전하는 상태에서 외핵은 초고온의 액체이고 내핵은 초고온의 고체이기 때문에 외핵과 내핵이 회전하는 속도가 달라져서 지구의 자전축을 중심으로 전류가 흐르게 되어 생성된다. 전류가 흐르면 전자기력에 의해 자기장이 생성되는 것이다.

   지구의 자기장은 태양에서 초당 평균 약 500Km로 날아오는 우주방사능인 태양풍의 대부분이 지구를 빗겨나가도록 하고 일부분만 지구의 극지방을 통해 지구로 유입되도록 하여 지구의 생명체를 보호한다. 또한 인공위성이나 우주선은 지구의 자기권 안에 있으면 태양풍으로부터 보호될 수 있기 때문에 지구의 자기권 안에서 대부분 활동을 한다. 태양풍과 같은 방사능물질은 전하를 띠고 있고 전하를 띤 물질은 자기장에서 직진을 할 수가 없기 때문에 태양풍은 지구로 직진하지 못하고 지구의 자기장을 타고 지구 뒤편으로 돌아가 대부분이 우주공간으로 나가버리고 일부분만 극지방에 오로라현상을 일으키며 떨어진다.

   전자기력이 없다면 지구의 자기장은 없고 지구는 화성과 같이 지표면이 황량한 사막으로 이루어진 행성으로 변했을 것이다. 지구의 자기장이 없다면 지구의 대기는 태양풍과 충돌하여 조금씩 우주공간으로 날아가 버리므로 지구는 대기를 빠른 속도로 잃게 된다. 대기가 얇아지면 태양풍이 지표면에 떨어지면서 물과 충돌하여 물을 증발시키므로 물은 서서히 줄어들고, 지구생명체는 방사능에 노출되어 암 발병률이 높아지는 등 살아가기 힘들어진다. 물론 장기적으로는 어차피 대기와 물이 거의 사라져 버리기 때문에 화성처럼 생명체는 생존할 수가 없을 것이다.

전자기력에 해당하는 인간의 능력을 들라면 그것은 믿음일 것이다. 믿음이란 세상이 아름답고 푸근하며 언제나 내 편이라고 진심으로 믿는 것이다. 모든 현상은 자신이 진심으로 믿는 대로 현실이 되어 눈앞에 나타나기 마련이다. 믿음은 전자기력처럼 우리가 진심으로 바라는 것을 가져다준다는 말이다. 또한 믿음은 전자기력처럼 어떤 것들이 끌려오거나 다가올 때 좋은 것만 끌려오고 다가올 수 있도록 하여 나쁜 것으로부터 우리를 보호해준다. 믿음이 이와 같이 할 수 있는 것은 우리의 내면세계와 우주가 동기화되기 때문이다.

지구의 보호막 [출처: NGC]

제2부

우주와 인간의 창조성

감동문장은 우주의 암흑에너지, 초기 비등방성, 중력, 핵력, 전자기력이 상호 조화를
이루며 창조해낸 우주의 신비와 같다. 우리가 현재 볼 수 있는 우주의 신비는
암흑에너지, 초기 비등방성, 중력, 핵력, 전자기력이 우주의 진화를 이끌어 현재까지
만들어낸 결과이다. 이 다섯 가지 요소가 우주의 신비를 이루기 위해 마치 미리 짠
각본에 맞추어 움직여 온 것처럼 감동문장은 감동DNA의 요소들인
순수, 개성, 사랑, 사고, 만듦이 미리 짠 각본에 맞춰 움직이듯이 하여 이루어내는
대상이다. 다시 말해 우주의 신비는 원래 창조되도록 되어 있었듯이 감동문장도
완전함을 갖추고 사라지지 않는 한 반드시 이루어지는 것이기도 하다.

내면세계와 우주의 동기화

우리의 내면세계와 우주가 동기화하는 원리는 다음과 같다. 즐거운 음악이 연주되어 우리가 듣게 되면 우리 내면세계도 즐거운 상태가 된다. 마찬가지로 우리 내면세계가 즐거운 음악을 연주하면 우주도 동기화되어 즐거운 음악을 연주하게 되고 행복한 우주가 된다. 우리가 의식하는 우주가 즐거운 것으로 바뀐다는 것이다. 우리 내면세계가 즐거운 음악을 연주하면 즐거운 말과 행동을 하게 되고, 이 상태가 지속되면 결국 즐거운 말과 행동이 축적되어 실재로 즐거운 결과가 자신의 눈앞에 나타난다.

예를 들어, 우리 내면세계가 상상을 통해 가방을 머릿속에 그리면 우주도 가방에 대해 연주하게 되어 우주는 가방으로 가득 찬다. 평소 우리 눈에 별로 보이지 않던 각양각색의 가방들이 수 없이 보이기 시작한다는 말이다. 마찬가지로 어떤 문제에 대해 아주 멋진 해결책이 있다고 상상하고 생각하기를 반복 우주는 내면세계와 동기화로 상호작용한다.

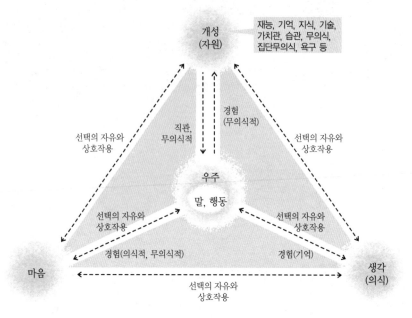

내면세계와 우주의 동기화

하면 보이지 않던 멋진 해결책이 실재로 눈앞에 나타난다. "나는 실패할 것이다. 나는 운이 좋지 않을 것이다."라는 부정적인 예감은 나쁜 결과를 가져오고, "나는 된다. 나는 운이 좋을 것이다."라는 긍정적인 예감은 좋은 결과를 가져온다.

이를 과학적으로 설명하면 다음과 같다. 우리 뇌가 1초에 받아들이는 정보의 양은 눈을 통해서 천만 개, 피부를 통해서 백만 개, 귀를 통해서 십만 개 정도로 총 약 일천백만 개이지만, 실재로 의식이 처리할 수 있는 정보의 양은 매초 40개 정도로 뇌가 받아들인 정보의 28만분의 1에 불과하고 나머지는 무의식에 저장된다. 무의식의 역할도 중요하지만, 의식이 처리하는 정보가 우리에게 가장 직접적이고 중대한 영향을 준다. 여기서 의식이 처리하는 초당 40개의 정보는 일천백만 개 중에서 선택되어 지는 것인데 우리 내면세계가 그 40개의 정보를 선별한다는 것이다. 우리 내면세계가 슬픈 상태에 있으면 슬픔과 관계되는 정보 40개를 의식이 처리하고, 내면세계가 가방에 집중하고 있으면 가방과 관계되는 정보 40개를 의식이 처리하게 된다. 내면세계가 슬픈 상태에 있으면 슬픈 것만 감지되고, 가방에 집중하고 있으면 각양각색의 가방이 수없이 많이 보이게 되는 현상이 나타난다는 말이다.

개성을 형성하는 자원, 그리고 마음, 생각, 말, 행동으로 구성된 내면세계는 자율의지를 통해 어떤 음악을 연주할 것인지를 결정할 수 있다. 기쁜 음악, 슬픈 음악, 두려움과 근심 · 걱정과 증오가 가득 찬 음악, 평온한 음악, 행복한 음악, 권력과 권위와 명예에 대한 탐욕으로 가득 찬 음악, 게으름과 나태의 때가 묻은 음악, 바라는 것을 성취해 나가는 음악, 세상의 아름다움을 표현하는 음악, 자신감을 불어넣는 음악, 모든 것을 즐기는 음악 등 다양한 음악을 연주할 수 있는데 어떤 음악을 연주할 것인가는 각자의 자율의지에 달려 있다는 것이다. 이를 선택의 자유라고 한다.

기업과 같은 단체에 있어서 혁신의 시작은 정리와 정돈, 청소, 청결이다. 이 네 가지는 기업마다 조금씩 다른 의미로 사용하지만 간략히 표현하면 정리는 필요 없는 것을 없애는 것이고, 정돈은 필요한 것만 적정량을 제 위치에 가지런히 두어 찾거나 사용할 때 편리하도록 하는 것이며, 청소는 더럽거나 어지럽게 흐트러진 것을 쓸거나 닦아서 깨끗하게 하는 것이고, 청결은 정리하고 정돈하고 청소하여 맑고 깨끗한 상태를 유지하는 것이다.

이 네 가지를 실행하면 생산하는 제품의 불량률이 감소하고 생산성이 향상되어 제품원가가 낮아지고 고객을 대하는 종업원의 태도가 바르게 되어 판매량이 늘어나 매출과 이익이 증가한다. 왜냐하면 현장의 맑고 깨끗한 상태는 동기화를 통해 기업 구성원의 내면세계가 맑고 깨끗한 음악을 연주하도록 만들고 다시 기업 구성원의 내면세계가 동기화를 통해 현상 세계가 맑고 깨끗한 음악을 연주하도록 하기 때문이다. 이는 구성원들이 더럽고 흐트러진 현장에서 일을 하게 되면, 필요한 도구나 필기구 같은 것을 찾을 때 시간도 소요되고 잘 찾지 못해 짜증이 나서 힘들어 질뿐만 아니라 정신도 산만해져 하는 일에 집중이 잘 되지 않아 생산성이 떨어지고, 기분이 나쁜 상태에 있기 때문에 고객을 위하는 마음이 사라지고 고객을 친절하게 대하지 않아 고객과의 관계가 멀어진다는 의미다. 어떤 음식점에 갔을 때 화장실에만 가 봐도 그 음식점의 음식상태를 알 수 있다거나 어떤 집에 갔을 때 그 집의 화장실만 보아도 그 집 사람들의 정신 상태를 알 수 있다거나 하는 것은 앞에서 언급된 것과 같은 이치다.

우리 개인도 몸 전체를 깨끗이 씻고 머리를 단정히 하면 기분이 맑고 깨끗해지고 주변 환경도 맑고 깨끗해져 좋은 일이 일어난다. 이 사실은 몸과 복장을 청결히 하고 머리를 단정히 한 사람치고 나쁜 짓 하는 사람이 없고, 모든 분야의 수련은 몸과 복장을 청결히 하고 머리를 단정히 하는 것으로부터 시작되는 사실만 봐도 알 수 있다. 그러므로 어떤 일을 할 때는 언제나 몸과 복장을 청결히 하고 머리를 단정히 해야 우주를 동기화시켜 자기가 바라는 좋은 것을 성취할 수 있음을 유념해야 한다.

1980년대만 해도 뉴욕에서 발생되는 중범죄 건수는 연간 60만 건 이상이었고 이 중의 90% 이상이 지하철에서 발생되었다. 1994년 새로 선출된 뉴욕 시장과 신임 검찰국장은 지하철 중범죄를 줄이기 위한 방안으로 중범죄 소탕작전을 벌인 것이 아니고 지하철 무임승차를 단속하고 5년 동안 지하철역과 6,000개 지하철 차량의 낙서를 지웠다. 무임승차단속과 낙서지우기에 집중하는 동안 시민들과 언론은 그들이 강력범죄와 싸울 자신이 없어 경범죄를 선택했다고 비난했지만 포기하지 않았고 그 결과 연간 2,200건에 달하던 살인범죄가 1,000건 이상 줄었고 지하철 범죄율이 75%나 줄었다. 이후 그들은 뉴욕 전체로 환경개선사업을 확대해 무단횡단이나 쓰레기 아무데나 버리기와 같은 경범죄 단속을 강화하고 거리 곳곳의 낙서를 지웠다. 그 결과 역시 뉴욕 전체의 범죄율이 급감했다.

　뉴욕에서 중범죄가 많이 발생했었던 이유는 사소하지만 나쁜 것들이 동기화를 통해 내면세계가 나쁜 음악을 연주하도록 하고 다시 내면세계는 동기화를 통해 주거환경에 부정적인 영향을 끼쳐 범죄가 만연하게 되었음을 보여준다. 맑은 물에 잉크 한 방울을 떨어뜨리면 잉크가 퍼져 맑은 물이 아주 쉽게 잉크의 색으로 변해 가는 것처럼, 내면세계와 생활환경, 나아가 우주는 쉽게 동기화된다는 것을 말해주고 있다. 사소하더라도 부정적인 것을 방치하면 큰 문제나 실패를 초래할 수 있고, 100에서 1을 빼면 99가 아니고 영이 될 수 있다는 사실을 기억할 필요가 있다.

우주가 가르쳐 주는 창조성 발휘의 원칙

　우주의 4대 힘을 가장 큰 것부터 크기 순으로 나열하면 강력, 전자기력, 약력, 중력이다. 강력은 전자기력보다 약 100배 강하다. 강력은 약력보다 10^{13}배 크다. 따라서 전자기력은 약력보다 약 10^{11}배 크다. 강력은 중력보다 약 10^{40}배 크다. 따라서 약력은 중력보다 약 10^{27}배 크다. 생명체나 물체가 높은 곳에서 지표면으로 떨어져도 지표면으로 투과해 내려가면서 산산이 부서지지 않는 것은 생명체나 물체를 단단하게 결속시키는 핵력과 전자기력이 중력보다 아주 크게 작용하기 때문이다. 또한 우주가 현재 가속팽창을 하고 있으므로 우주를 팽창시키는 암흑에너지가 우주를 수축시키려고 하는 중력보다 크다.

우주공간에서 작용하는 힘들의 크기만큼 우주의 각 힘에 해당하는 인간의 능력들 역시 비례하여 크다. 따라서 '사고1 〉 믿음 〉 사고2 〉 사랑, 순수 〉 사랑' 이라는 결과가 성립된다.

사고1이 믿음과 사고2와 사랑보다 크다는 것은 믿음, 대화, 토론, 상상, 영감, 사랑 등은 인간이 가지고 있는 이성과 논리의 범위 내에 있어야 한다는 뜻이다. 즉, 비이성적인 믿음은 사이비종교와 같으며, 비이성적인 대화와 토론은 싸움과 마찬가지이고, 논리의 구속이나 고정관념에서 벗어나 마음껏 상상하고 영감을 활용하여 창의력을 발휘하되 결과물이 인간에게 실질적으로 주어지는 것이 - 예로 논리와 고정관념에서 벗어난 피카소의 예술작품들이 실재 인간에게 주는 결과물은 논리와 이성을 벗어나지 않음 - 논리나 이성에서 벗어나면 허황된 망상과 같으며, 비이성적인 사랑은 탐닉과 같다는 것을 말해주고 있다.

믿음이 사고2보다 크다는 것은 믿는 범위 내에서 상상력이 발휘되고 영감이 떠오른다는 것을 의미한다. 예를 들어 자신이 성공할 수 없다고 믿는다면 좋은 아이디어가 상상을 통해 떠오르지 않거나 좋은 영감이 떠오르지 않으며, 반대로 자신이 성공한다고 진심으로 믿으면 좋은 아이디어와 영감이 떠오른다.

사고1과 믿음과 사고2보다 사랑의 힘이 작고, 동시에 순수보다 사랑의 힘이 작은 이유는 무엇일까? 사랑하는 대상에 집착하여 혹시나 실패할까봐 근심·걱정하지 말고 여유 있는 마음으로 사랑하는 것을 성취할 수 있다는 믿음을 가진 상태에서 깊이 생각도 하고, 다른 사람과 대화와 토론도 나누면서 배우고, 마음껏 상상력을 발휘하여 좋은 아이디어를 찾아내기도 하면서 유연하고 즐겁게 사랑하는 것을 실행하면 반드시 성취한다는 뜻이다. 만약 사랑의 힘이 가장 크다면 비이성적인 사랑은 우리를 우주의 블랙홀처럼 만들 것이다. 블랙홀은 끝없이 압축된 상태로 죽음을 맞이한 존재로 주변의 모든 것을 파괴하면서 빨아들인다. 우주공간에서 중력이 가장 크게 작용한다면 빅뱅 후 우주는 급격히 수축하여 신비로운 우주를 탄생시키지 못하고 빠르게 다시 한 점으로 수축되었을 것이다.

강력이 아주 짧은 거리인 1~2fm (1fm = 10^{-15}미터)내에서만 작용하듯이 사고1은 어떤 것이 자신에게 끌려와서 자신이 그것을 알았을 때 처리할 수 있다.

감동DNA = 순수×개성×사랑×사고×믿음

감동DNA는 순수, 개성, 사랑, 사고, 믿음 간의 곱이며, 이중 하나라도 없다면 활성화되지 않는다. 어떤 사람이 순수함을 바탕으로 자신의 개성을 활용해 좋아하는 연구과제를 끊임없이 연구하면서 실행해 나아가더라도 자신이 사랑하는 것을 반드시 실현한다는 믿음이 없다면 감동DNA는 활성화되지 않는다. 또한 어떤 사람이 자신이 사랑하는 것을 반드시 실현하게 된다는 믿음을 가지고 자신의 개성을 활용해 사랑하는 대상을 끊임없이 연구하면서 실행하더라도 순수함이 결여되어 있다면 감동DNA는 활성화되지 않는다. 마찬가지로 사랑이 결여된 상태라든가, 사고가 결여된 상태라든가, 아니면 순수와 개성이 동시에 결여된 것과 같이 두 개 이상이 결여된 상태일 경우도 감동DNA는 활성화되지 않는다.

이는 빅뱅이후 우주진화를 이끌어 현재의 신비로운 우주를 창조한 우주의 5가지 요소인 암흑에너지, 초기 비등방성, 중력, 핵력, 전자기력 중에서 하나라도 없다면 우주진화와 더불어 현재의 신비로운 우주가 존재할 수 없는 이치와 같은 것이다.

앞에서 언급한 바와 같이 우주진화를 이끈 다섯 가지 요소도 상상할 수 없을 정도로 작은 에너지 끈이 각양각색으로 진동하여 만들어 내는 다채로운 음악과 같다. 결국 우주진화를 이끄는 5가지 요소에 해당하는 인간의 5가지 요소들로 구성된 감동DNA는 감동적인 음악과 같다는 뜻이다.

모순은 양쪽이 동시에 옳을 수 없거나, 한쪽이 강해지면 한쪽은 약해지는 상태에 있는 것을 말한다.

예를 들어, 버스 대신에 택시를 이용할 경우를 생각해 보자. 택시를 이용하면 보다 편하게 빨리 갈 수 있지만, 지불하는 비용은 커진다. 반대로 버스를 이용하면 저비용으로 갈 수 있지만, 보다 불편하고 느리게 갈 수 밖에 없다. 여기서 편함과 빠름은 비용과 모순을 가지고 있다. 모순이 없다면 비용을 적게 들이면서 편함과 빠름이라는 이익을 얻을 것이다.

또 다른 예를 들면 학교를 졸업한 후 곧 바로 취업해서 자신이 바라지 않는 직장생활을 할 것인지, 자신이 관심을 가지고 있는 분야를 계속 공부하여 자신이 원하는 학자의 길로 갈 것인지 둘 중에 하나를 선택해야 하는 경우이다. 취업을 할 경우에는 자신이 바라는 진로를 선택할 수 없지만 일단 경제적인 문제는 해결할 수 있고, 학자의 길로 갈 경우는 학비가 지속적으로 필요해 경제적인 문제가 발생되지만 자신이 좋아하는 삶을 선택할 수 있다. 여기서 자신이 바라는 길과 경제적인 부분이 모순을 이루게 된다. 자신이 원하는 학자의 길로 가더라도 경제적인 부분이 해결된다면 모순은 없을 것이다. 우리는 이러한 모순의 홍수 속에 살아간다.

모순은 다양하고 매우 많이 있다. 우리의 삶에 작은 영향을 끼치는 작은 모순도 있고, 아주 큰 영향을 끼치는 모순도 있다. 버스와 택시의 경우는 자신이 처한 상황에 따라서 특별한 고민 없이 택시와 버스 둘 중에 하나를 쉽게 선택하더라도 우리의 삶에 사소한 영향을 주기 때문에 아주 작은 모순에 속할 것이다. 반면, 자신의 진로를 선택해야 하는 경우는 어떤 선택을 하느냐에 따라서 미래의 삶이 큰 영향을 받기 때문에 큰 모순이라고 볼 수 있다. 이러한 모순은 마치 음악에서의 불협화음과 같다. 감동적인 음악에서 나오는 조화의 느낌이 아니라 불쾌감을 주는 불협화음과 같은 것이다.

하지만 중요한 사실은 이러한 모순이라는 불협화음은 우리가 어떻게 대처하느냐에 따라서 감동으로 바꿀 수 있다는 것이다.

어떤 카페가 있었다. 이 카페는 고객들이 줄을 서가며 기다려야 자리에 앉을 수 있을 정도로 손님으로 꽉 찼다. 하지만, 카페 경영주와 고객 모두에게 좋지 않는 현상이 하나 있었다. 들어온 손님들이 오래 앉아 있으니 새로 들어온 고객이 앉을 자리가 없고, 빈 자리가 잘 나지 않을 정도로 손님들이 카페에 꽉 차 있지만 매출은 늘지 않았다. 그렇다고 매출을 올리기 위해 고객이 빨리 나가도록 재촉하면 고객의 만족도가 떨어지게 되는 건 뻔한 사실이었다. 여기서 고객의 만족도와 매출은 모순 구조를 가지고 있음을 알 수 있다. 그런데, 이 카페 주인은 매출을 올려야 한다는 유혹 때문에 손님이 빨리 카페를 나가도록 독촉하여 고객의 만족도를 떨어뜨리는 선택을 하고 말았다. 당연히 방문 고객의 수는 줄어들어 매출은 향상되기는커녕 오히려 떨어졌다.

이러한 모순을 감동으로 전환할 수 있었을 것이다. 어떤 사람이 이 카페에 손님으로 왔다가 빨리 나가라는 독촉에 쫓겨나는 경험을 한다. 그 사람은 이 경험을 통해 손님을 진정으로 섬기는 카페가 사랑받을 것이라는 생각을 하

모순 : A를 올리면 B가 내려가고, B를 올리면 A가 내려감(시소게임)

감동(창조) : A와 B를 동시에 올림

게 되어 기존의 카페와는 다른 개념의 카페를 창업하게 된다. 그가 창업한 카페는 문화의 향기를 느낄 수 있도록 꾸며진 넓은 공간에서 어린아이부터 어른까지 다양한 사람들이 책도 읽고, 신문도 보며, 단체로 세미나도 할 수 있고, 동아리 활동도 할 수 있으며, 가족과 사진도 찍을 수 있고, 어떤 경우는 영화도 볼 수 있는 등 다양한 취미활동도 할 수 있다. 손님들은 5,500원 정도의 문화비라는 입장료 성격의 비용으로 음료를 리필해서 먹을 수 있고, 자신이 원하는 시간동안 머물면서 다양한 활동을 할 수 있으며, 식사를 할 경우 식사비만 별도로 지불하면 된다.

이 카페는 매출을 올리기 위해 들어온 손님을 빨리 나가게 하여 고객만족도를 떨어뜨리면서 새로운 손님이 앉을 자리를 만드는 것이 아니라, 더 많은 손님이 자리에 앉을 수 있도록 공간을 확장함과 동시에 손님이 넓은 공간을 더욱 가치 있게 활용할 수 있도록 하여 찾아오는 고객수와 고객만족도를 동시에 높이면서 매출을 올리는 성과를 얻었다. 고객만족도와 매출이 가졌던 모순을 무너뜨리고 머물 수 있는 시간의 연장뿐만 아니라 문화적인 측면의 이용가치를 올려 고객만족도를 혁신적으로 향상시키면서 매출 역시 증대시키는 감동을 실현한 것이다. 이 감동을 실현한 카페가 바로 '민들레영토'이다. 민들레영토는 1994년 4월 서울 신촌에서 10평 남짓한 공간으로 출발하여 현재 전국에 약 25개 지점을 둔 인기 체인점으로 성장했다.

이처럼 모순은 대립이지만 감동은 대립되는 요소들이 조화를 이루는 형태로 변화된 것이다. 앞에서 예로 언급된 다른 두 가지 모순 역시 감동으로 전환시킬 수 있을 것이다.

택시와 버스가 가지는 모순은 예를 들어 평소 버스를 타고 이동하는 기준으로 자신의 시간계획을 짜서 버스를 타기 위해 걸어가는 시간은 운동시간으로 활용하고, 버스를 타면 여유로운 마음으로 독서를 한다든지 회사의 기획안에 대해 생각을 한다든지 버스 창 너머로 풍경을 구경하면서 좋은 아이디어를 구상한다든지 하여 버스와 관련되는 시간을 유익한 시간이 되도록 전환시키면 시간낭비를 없애면서 비용도 줄여 조화를 이룰 수 있을 것이다. 여기서 핵심은 택시가 주는 편리함과 빠름의 가치를 버스가 주는 건강과 사색하는 시간이라는 가치로 바꾸어 주는 것이다.

자신이 바라는 길과 경제적인 부분이 가지는 모순은 예를 들어 취직을 하게 되었을 때, 다녀야 하는 직장과 자신이 관심을 가지고 있는 학문분야를 연관시키면 조화를 이룰 수 있을 것이다. 여기서 핵심은 어떤 직장이든 어떤 업무든 그 기초적인 본질은 모든 학문의 기초적인 본질과 같다는 사실을 인식하고 자신이 어떤 진로를 선택하든 자신의 관심 분야를 포기하지 않는 것이다.

대표적인 케이스가 아인슈타인의 성공 사례다. 상대성이론을 발표한 아인슈타인은 스위스 취리히의 연방공과대학에서 물리학과 수학을 공부했지만, 자신이 좋아하는 과목에만 집중한 나머지 타 과목에서 좋은 성적을 내지 못한데다 연애에 빠져 평소 공부를 제대로 하지 못해 학사자격시험을 앞두고 친구의 노트를 빌려 공부하여 겨우 학사자격시험을 통과하기도 했다. 결국 1900년 대학을 졸업하면서 불성실하다는 이유로 교수로부터 조교 자리를 얻지 못하여 임시직으로 전전하다가 1902년에 보다 안정적인 스위스 특허사무소 심사관으로 근무하게 되었다. 그는 특허사무소에 근무하면서 자신이 12세 때부터 가지게 된 빛에 대한 호기심을 불태웠고, 1905년에 특수상대성이론을 발표했다.

20세기 초반, 자동차와 기차의 발전으로 사람들이 장거리 이동을 자주하게 되면서 시간 관념에 혼란이 일어났다. 베를린 시간이 12시면 취리히는 정확히 몇 시이며, 기준시간을 어떻게 설정해야 하는가와 같은 혼란들이었다. 이로 인해 정확한 시간 설정 방법에 대한 특허 신청이 아인슈타인에게 많이 접수되었고, 그 수가 1905년에 절정에 이르렀다. 그 많은 시간 관련 특허 신청에서 아인슈타인은 상대성이론에 대한 영감을 받을 수 있었다고 한다. 만약 아인슈타인이 대학을 졸업하면서 교수로부터 조교자리를 얻게 되어 취업을 하지 않았다면 그의 운명이 바뀌었을지도 모른다. 이렇든 저렇든 아인슈타인은 자신이 바라는 대로 진로가 결정되지 않았다 하여 자신의 빛에 대한 호기심을 포기하지 않았으며, 그 포기하지 않은 호기심에 의해 상대성이론이 나왔다는 것은 부인할 수 없는 사실이다. 그가 1905년에 특수상대성이론을 발표하기 이전에 특허사무소에서 근무할 당시에 퇴근하고 나면 비판적인 젊은이들의 모임인 올림피아 아카데미에서 토론하는 것을 즐겼고, 토론을 하면서 그 젊은이들에게 자신의 상상력을 마음껏 펼쳐 자신의 이론을 세워나갔다는 것만 보아도 그 사실을 뒷받침해 준다. 아인슈타인은 특허사무소에서 자신의 업무도 소홀하지 않았다. 오히려 자신의 업무에서도 뛰어난 능력을 발휘했다. 특허를 신청한 사항에 대해 매우 자신감 있고 치밀하게 의견을 제시했다.

감동DNA를 활성화시키는 감동문장

감동문장은 우주의 암흑에너지, 초기 비등방성, 중력, 핵력, 전자기력이 상호 조화를 이루며 창조해낸 우주의 신비와 같다. 우리가 현재 볼 수 있는 우주의 신비는 암흑에너지, 초기 비등방성, 중력, 핵력, 전자기력이 우주의 진화를 이끌어 현재까지 만들어낸 결과이다. 이 다섯 가지 요소가 우주의 신비를 이루기 위해 마치 미리 짠 각본에 맞추어 움직여 온 것처럼 감동문장은 감동DNA의 요소들인 순수, 개성, 사랑, 사고, 믿음이 미리 짠 각본에 맞춰 움직이듯이 하여 이루어내는 대상이다. 다시 말해 우주의 신비는 원래 창조되도록 되어 있었듯이 감동문장도 완전함을 갖추고 사라지지 않는 한 반드시 이루어지는 것이다.

한 사람의 감동문장은 자신의 '감동DNA'를 활성화시키는 것으로 자신에게 감동을 불러일으키는 문장이다. 감동문장은 자신의 삶에 대한 희망과 동기를 부여해 주는 것으로 삶에 에너지를 불어넣어 주는 것이기도 하다. 감동문장은 궁극적으로 순수함을 바탕으로 존재의 의미를 추구한다. 순수함을 바탕으로 한 존재의 의미는 개성, 사랑, 사고, 믿음과 관계된다. 감동문장에 개성이 연관되므로 감동문장은 사람마다 다를 수 밖에 없다.

어떤 한 사람에게 감동문장은 다음과 같이 다섯 가지 역할을 하고, 이중 한 가지라도 없다면 감동문장이 아니며, 이는 감동DNA의 다섯 가지 요소와 관계된다.

① 권력, 권위, 명예, 돈, 직위 같은 것보다 더 중요하고 좋은 것

② 자신의 개성으로 멋지게 실행할 수 있는 것

③ 평생 곁에 두면서 실행하고 싶고 행복감을 주는 것

④ 그것에 관해 연구, 토론, 대화하고 결과를 전파하고 싶은 것

⑤ 반드시 이룰 수 있다는 진실한 확신을 주는 것

많은 위인들의 삶을 살펴보면 독창적인 감동문장을 가졌음을 엿볼 수 있다. 아래의 거장들은 한결같이 자신만의 감동문장을 갖고 독창적이고 위대한 인생을 살다간 분들이라 할 수 있다.

대하소설 《토지》를 집필한 소설가 박경리 나는 소설가가 될 것이다. 여자들이 천대를 받는 것은 불평등한 것이다. 나아가 구한말부터 역사의 격동기에 정부 관료의 부패, 일제의 만행, 그리고 이에 편승한 패거리들의 횡포로 민초들이 말로 표현할 수 없는 고통을 당했다. 천대를 받은 여자들과 민초의 한을 풀어주고 생명의 소중함을 널리 알리기 위해 지속적으로 소설을 쓰고, 위대한 대하소설까지 집필하겠다.

상대성이론을 발표한 아인슈타인 빛은 무엇인가 나에게 비밀을 알려주려고 하는 것 같다. 빛을 연구하면 이제까지 몰랐던 우주의 법칙을 알아낼 수 있을 것이다. 나는 신이 어떻게 이 우주를 창조했는지 알고 싶다. 간단한 방정식으로 신이 창조한 우주의 모든 것을 설명할 수 있을 것이다. 나는 빛과 우주의 비밀을 알아내는

데 헌신하여 그 간단한 방정식을 찾아내겠다.

독창적인 다양한 그림을 그린 화가 피카소 현재의 미술들은 죽어 있다. 새로운 미술의 세계가 필요하다. 세상은 다른 것을 요구하고 있다. 또한 미술은 단지 예술에서 끝나서는 부족하며 세상의 평화와 발전에 기여해야 한다. 나는 세상 사람들이 놀랄만한 새로운 미술의 세계를 열어 시대의 변화와 요구에 부응하는 화가가 되 겠다.

수많은 발명품을 남기고 명화 '최후의 만찬'과 모나리자를 그린 레오나르도 다빈치 자연은 정답 을 알려주고 많은 것을 가르쳐 준다. 저들은 그러한 사실을 모르는 채 책만 들여 다보며 유식한 척 행동한다. 나는 자연의 세세한 부분까지 연구하여 모든 분야 에서 이제까지 없던 멋진 것을 만들고 이를 통해 사람들에게 새롭고 멋진 세상 을 열어 주겠다.

음악가 베토벤 새로운 스타일의 음악으로 세상 사람들에게 감명을 주는 음악 가가 되겠다. 나는 지식, 자유, 행복을 추구하는 계몽주의를 찬성하며 계몽주의 자들이 좋다. 음악은 단지 세상 사람들을 감명시키는 것에 머물러서는 안 되며 세상 사람들을 변화시킬 수 있어야 한다.

《동의보감》을 집필한 허준 한의학은 거의 중국에 의존하고 있어 우리나라 사람들 이 활용하기 어렵고 수입 약에 많이 의존하고 있는데 값도 비싸며 우리나라 사람들에게 잘 맞지 않는다. 우리나라에도 좋은 약제가 많다. 우리나라 약제로 일반서민들도 부담 없이 먹을 수 있고 효과가 좋은 값싼 약을 개발할 수 있다. 또한 중국과 우리나라 의학지식들이 이리저리 흩어져 있어 의학지식이 체계적이지 못하다. 내가 우리나라 약제를 사용하고, 우리나라 사람을 대상으로 한 임상실험을 통해 하나하나 실증하여 우리나라 사람에게 맞고, 흩어져 있는 중국과 우리나라 한의학에서 우수한 부분과 나의 한의학 지식을 체계적으로 통합해 간단하고도 값도 싸면서 효과가 좋은 처방도 포함하고, 일반 서민들도 활용할 수 있도록 한글 번역본도 있는 새로운 형식의 포괄적인 의학서를 집필하겠다. 이를 통해 중국에 의존하지 않으면서 우리나라 각계각층의 사람들이 많은 혜택을 받을 수 있도록 하겠다.

이와 같은 감동문장들은 한 사람이 태어날 때의 초기 개성과 어느 시점까지 끌어들인 것의 합이 이루는 양과 성격에 따라 변화기도 하며 진화하기도 한다. 위에 기술된 위인들의 감동문장은 초기 개성과 최종적으로 위대한 창조를 이루기전까지 끌어들인 것에서 형성된 것이다.

감동DNA의 다섯 가지 요소를 고려하고 위인들이 위대한 창조를 실현한 과정을 살펴보면 감동문장이 성립하기 위해서는 다섯 가지 조건이 필요함을 알 수 있는데, 그 조건들은 다음과 같다. 이 조건 중 한 가지라도 결여되면 감동문장은 성립될 수 없다.

① 타인에게 가치가 있는 것

② 자신만의 것

③ 해당 분야에서 최고가 되도록 하는 것(여기서 '최고'는 일등의 의미보다 '완전함'의 의미에 가깝다)

④ 해당 분야에서 시대의 흐름을 깨뜨리는 것

⑤ 사명의식을 일깨우는 것

감동문장은 뜻과 목표로 분리되며 반드시 뜻과 목표 둘 다 가지고 있어야 한다. 뜻은 마음속에서 우러나오는 진정한 목적이다. 예를 들면 "일반 서민들까지도 쉽게 한의학을 접하고 부담 없는 값으로 처방을 받을 수 있도록 하겠다."는 것이 '뜻'에 해당한다. 그리고 "새로운 형식의 포괄적인 의학서"와 같은 것은 목표이며, 뜻을 실현해 주는 것이다. 목표는 몇 개의 문자 또는 단어로 표현이 가능하다. 예를 들면 과학자, 건축가, 군인, 의사, 교사, 공무원, 경영자, 세계 1위의 철강회사, Global Top3 자동차회사, 얼마의 매출액, 얼마의 순이익, 130층 빌딩, 하늘을 나는 자동차, 멋진 사랑, 명곡, 명작 등은 목표이다. '뜻'이 내적인 것이라면 목표는 눈에 보이는 외적인 것이다.

한 개의 목표에 대해 뜻은 여러 개가 있을 수 있고, 한 개의 뜻에 대해 목표 역시 여러 개가 있을 수 있다. '뜻'에 대해 목표는 변하는 환경과 상황에 맞추어 브라운관 TV에서 벽걸이 TV로, 벽걸이 TV에서 스마트 TV로, 일반 휴대폰에서 스마트 폰으로 변경되는 것처럼 발전되고 진화하기도 한다. 반면 뜻은 거의 변화되지 않지만 필요하다면 발전되고 진화해야 하는 것이기도 하다.

우주 공간속에서 살아가는 우리에게 눈에 보이는 목표가 없으면 우리는 표류하는 배와 같이 떠돌 것이다. 목표는 그림, 사진, 그래프, 표 등으로 형상화하면 아주 효과적이다. 또한 실행해 나아갈 때도 목표 대비 진척 상황을 역시 그림, 사진, 그래프, 표 등으로 형상화하면 목표 달성에 상당한 도움이 된다. 이는 목표가 눈에 보이는 외적인 것이기 때문이다.

겉으로 드러난 것이기에 우리는 목표만 지나치게 강조한다. 부모는 자식들의 장래 목표를 강조하고, 경영자는 직원들에게 일일, 주간, 월간, 연간 목표 달성을 강조한다. 목표에 담긴 숨은 뜻을 동시에 강조하지 않고 목표만 강조하면 상대방의 마음을 움직이지 못해 상대방은 쉽게 지쳐서 편법을 동원하여 애써 목표 달성을 해가고 있는 것처럼 말하고 행동하는 경향을 보인다. 그 이유는 마음은 자발성을 가지고 있어서 마음이 움직이지 않으면 수동적으로 말하고 행동하는 경향이 있기 때문이다. 결국 마음 속으로 공감하는 뜻이 없는 목표는 감동문장이 될 수 없어, 우리의 감동DNA를 활성화시키지 못한다.

인간에게 큰 삶의 에너지를 불어넣어 주는 감동문장의 사례는 영국의 이론물리학자이자 우주물리학자인 스티븐 호킹의 삶이다. 스티븐 호킹은 1942년에 영국에서 태어났으며 어릴 적부터 우주의 신비에 많은 관심을 가졌다. 왜 우주가 현재 이러한 형태로 존재하는지, 우주는 어떻게 출발하여 어디로 가고 있는지 등 우주의 신비에 대한 비밀을 밝히겠다는 의지가 대단했다. 그는 21세에 몸의 근육이 쇠약해지고 위축되는 루게릭병에 걸렸고 의사들이 2년 내로 사망할 것이라고 진단했지만 우주의 신비를 파헤치겠다는 그의 대단한 의지는 현재까지 그가 생존하면서 연구활동을 지속하도록 해주고 있다. 그는 루게릭병에 걸린 이후에 휠체어와 여러 가지 보조 기구에 의지하면서 블랙홀 내부에서 물질과 시간과 공간이 사라지는 특이점, 작은 블랙홀이 X선과 같은 빛을 발산하면서 소멸한다는 호킹복사와 블랙홀의 증발, 양자우주론을 정립하는 등 위대한 업적을 세우고 있다. 호킹의 위대한 의지는 우주의 신비와 관계되는 그의 감동문장에서 나오는 것이다. 그는 비록 몸에 대한 자유는 잃었지만 감동문장이 주는 내면적인 무한한 자유와 불굴의 의지로 보통사람들도 이뤄내기 힘든 위대한 창조를 실현해오고 있는 것이다.

일반적으로 위대한 창조를 실현한 위인들은 특별한 질환이나 사망원인에 대해 독살 등 여러 가지 설이 있어 명확하지 않는 경우를 제외하면 대다수가 자신들이 살았던 시대의 평균수명 이상을 살았다. 위인들이 사망한 나이는 1452년 생인 레오나르도 다빈치가 67세, 1539년 생인 허준이 76세, 1643년 생인 뉴턴이 84세, 1847년 생인 에디슨이 87세, 1879년 생인 아인슈타인이 76세, 1881년 생인 피카소가 92세, 1926년생인 박경리 선생이 82세 등이다. 이는 감동문장이 삶에 에너지를 불어넣어 준다는 사실을 뒷받침 해준다.

감동은 고요함과 역동성을 갖춘 창조성을 발휘한다

3명의 벽돌공이 뙤약볕에 땀을 뻘뻘 흘리며 열심히 벽돌을 쌓고 있었다. 하지만 그들의 표정은 각자 달랐다. 한 벽돌공은 유난히 인상을 찌푸린 표정을 하고 있었고, 한 벽돌공은 무덤덤한 표정을 하고 있었으며, 다른 벽돌공은 활짝 웃는 표정을 하고 있었다. 지나가던 행인이 이들 3명에게 지금 무슨 일을 하고 있는지 똑같이 물었다.

찌푸린 표정을 한 벽돌공은 "벽돌을 쌓고 있지요."라고 대답했고, 무덤덤한 표정을 한 벽돌공은 "처자식을 먹여 살리기 위해 돈을 벌고 있소."라고 대답했고, 활짝 웃는 표정을 한 벽돌공은 "아름다운 대성당을 짓고 있는 중이오. 이 성당은 완성되면 많은 사람들에게 행복을 안겨 줄 것이오."라고 대답했다. 똑같은 일을 하고 있었지만 각자 전혀 다른 대답을 했음을 알 수 있다. 그 이유는 무엇일까?

자동차를 자신이 직접 몰고 목적지로 가고 있을 때를 생각해 보자. 머리를 운전대 바로 앞까지 바싹 당겨 바로 앞만 보고 운전을 한다면 속력을 올리는 만큼 마음은 불안한 상태가 된다. 편안한 마음으로 운전을 하려면 속력을 낮추어야 하기 때문에 적정한 속력을 유지할 수도 없다. 속력을 올리게 되면 오로지 앞만 봐야하기 때문에 바깥 경치를 본다든지 음악을 듣는다든지 할 수도 없다. '자유도'가 떨어진다는 뜻이다. 자유도를 높이려면 속도를 낮추어야 하기 때문에 차가 가지고 있는 엔진의 힘을 적절하게 활용할 수 없다. 결국 자유도와 힘이 모순의 상태에 놓이게 되어 자유롭게 힘을 발휘하여 왕성하게 활동하는 것이 현저히 저하될 뿐만 아니라 바로 앞만 보기 때문에 전체적인 도로의 상황을 잘 파악할 수 없어 판단력도 떨어지게 될 것이다.

반대로 머리를 약간 뒤로 젖히고 편안한 자세로 수십 미터뿐만 아니라 수백 미터, 수 킬로미터 앞까지 보면서 운전을 한다면 상황은 확 달라진다. 평온한 마음으로 적당히 바깥 경치도 보고 음악도 듣고 교통상황도 청취하는 등 자유롭게 운전을 하면서 속력을 적정하게 유지할 수 있다. 모순의 상태에서 벗어나 적정한 판단력으로 자유롭게 힘을 발휘하여 왕성하게 활동할 수 있게 된다는 것이다.

이와 같이 모순의 상태에서 벗어나면 마음의 자유도를 높여 시야를 넓히고 오감과 내면세계의 자원을 풍부하게 활용할 수 있을 뿐만 아니라 자신이 가지고 있는 힘을 왕성하게 발휘할 수 있어 창의력을 꾸준히 발휘하여 위대한 창조를 실현할 수 있다. 즉, 내면세계가 꾸준하게 감동적인 음악을 연주하게 되어 위대한 창조를 실현한다는 뜻이다. 여기서 한 가지 유념할 것은 자신의 목적지가 분명해야 혼란 없이 힘을 바르고 왕성하게 한결같이 발휘할 수 있다는 점이다.

앞에서 찌푸린 얼굴과 무덤덤한 표정을 한 벽돌공들은 바로 앞만 보면서 운전할 때 초래되는 모순에 빠져 있고, 활짝 웃는 표정을 한 벽돌공은 그 반대의 경우인 감동의 상태에 있다. 활짝 웃는 표정을 한 벽돌공은 훗날 감동적인 건축물을 창조하는 위대한 건축가가 될 가능성이 높다. 반면, 찌푸린 얼굴과 무덤덤한 표정을 한 벽돌공들은 창의력을 제대로 활용하지 못하여 항상 그 수준의 벽돌공으로 남아 있을 것이다. 우리 내면세계가 가질 수 있는 가장 큰 모순은 이와 같은 모순이다. 우리 대부분은 이러한 모순에 빠져 평생 제대로 창의력을 발휘하지 못하고 만다. 이러한 모순과 감동은 우리 내면세계의 모순과 감동이 그대로 우주에 실현된 결과라 할 수 있다.

감동문장이 감동DNA를 활성화시키면 우리의 내면세계는 '모순'에서 '감동'으로 변화되며, 이 감동에서 고요함과 역동성을 함께 갖춘 창조성이 발휘된다. 이는 마치 우주가 고요함과 역동성을 통해 신비로운 우주를 창조하는 것과 같다. 밤하늘의 우주는 반짝이는 별과 은하수 그리고 어떤 때는 둥근 달이 어울려 평화로움과 고요함을 자아낸다. 동시에 우리 태양과 별은 잠시도 쉬지 않고 빛을 우주로 공급하기 위해 끊임없이 핵융합을 하고 있다.

규모가 큰 별은 우리 태양이 일생동안 방출하는 에너지의 300배를 일순간에 방출하면서 폭발하여 여러 가지 원소를 우주공간에 공급하고 있고, 지구는 태양과의 거리를 적당하게 유지하여 지구에서 생명체가 지속 진화할 수 있도록 하기위해 초당 약 30Km의 속도로 태양을 공전하고 있다. 6,500만 년 전에 지구에 소행성이 떨어져 공룡이 멸망하고 포유류가 번성하게 되었는데, 어떤 소행성은 그런 일이 미래에 다시 일어나도록 하기 위해 지구로 조금씩 향하는 괘도를 빠른 속도로 공전하고 있다. 아울러 블랙홀은 모든 것을 끊임없이 무자비하게 빨아들이고 있는 등 우주에는 다양한 역동성이 존재한다.

우주가 고요함과 역동성을 통해 신비로운 우주를 창조하는 것처럼, 감동적인 음악에도 고요함과 역동성의 창조성이 있다. 감동DNA가 활성화될 때 느끼는 감동은 감동적인 음악을 연주하거나 들을 때 느끼는 감동과 거의 유사하다. 또한 감동적인 음악을 창조하여 청중 앞에서 연주하고 청중이 감동적인 음악을 듣는 과정은 감동DNA가 창조를 실현하여 그 가치를 사람들에게 전하고 느끼는 것과 거의 같다.

그렇다면 감동적인 음악의 조건에는 어떤 것들이 있을까?

첫째, 감동적인 음악은 순수하다. 우리를 위축시키는 근심, 걱정, 두려움, 수치심, 죄책감, 열등감, 자기 동정 따위가 없다. 우리의 에너지를 빼앗아 먹는 불평, 불만, 비난, 증오, 미움 따위도 없다. 우리를 경직시키는 권위, 학벌, 권력 따위도 없고 무기력하게 만드는 게으름과 나태도 없다.

둘째, 감동적인 음악은 자연스럽다. 음악에 턱턱 걸리는 것이 없고, 어색함이 없다. 연주자는 괴로운 표정 없이 자연스럽게 연주를 한다.

셋째, 감동적인 음악에는 순수한 뜻과 목표가 있다. 음악전체에는 순진무구한 의미를 전달하려는 뜻이 있다. 음악을 연주하는 연주자의 마음에는 청중을 감동시키겠다는 순수한 뜻과 음악을 완벽히 연주해 내려는 목표가 있을 뿐이다.

넷째, 감동적인 음악은 열정적이다. 연주자는 음악에 심취한 상태로 열정적으로 음악을 작곡하고 연주해낸다. 연주자의 열정이 음악에 가미되어 청중에게로 전달된다. 감동적인 음악에는 연주자의 혼이 실려 있다.

다섯째, 감동적인 음악은 독창적이다. 감동적인 음악은 연주자의 연주 스타일과 음악자체에 모방이 없는 유일한 것이다.

여섯째, 감동적인 음악은 완전하다. 음악이 연주되다가 중단되지 않는다.

음악의 화음은 세세한 부분까지 완전한 조화를 이룬다. 음악을 통해 본래 전하려는 뜻이 완전히 전달된다.

일곱째, 감동적인 음악은 행복을 전한다. 음악을 연주하는 연주자는 감동적인 음악을 작곡하고 연주할 수 있어 행복하다. 청중과 연주자가 감동의 눈물을 흘리기도 한다. 감동의 눈물이 흐를 때 행복호르몬이 가장 많이 분비된다.

감동문장에 의해 감동DNA가 활성화 되어 감동상태에 있을 때 고요함은 순수가 주는 평온함과 여유에서 나오며, 역동성은 개성·사랑·사고·믿음에 의해 창출된다. 고요함의 창조성은 앞에서 거론된 순수가 주는 자유의 창조성으로 이타심·호기심·지혜·교감이다.

한편, 역동성의 창조성은 다음과 같다.

첫째 열정이다. 마음은 뜻이 되고, 우주는 목표가 된다. 자신은 곧 뜻과 목표로 구성된 감동문장이 되는 것이다. 감동문장을 떠나서는 자신이 존재할 수 없다는 무의식적이고 강렬한 느낌이 자리잡는다. 감동문장은 자신이 열렬히 사랑하고 끊임없이 관심을 집중하는 존재가 되는 것이다. 이렇게 됨으로서 혼을 불어넣는 열정으로 감동문장을 실행하게 된다.

소설가 박경리 선생은 유방암으로 한쪽 가슴을 도려내는 수술을 한 후의 심정에 대해 1973년판 《토지》 서문에서 이렇게 말한 바 있다.

"목숨이 있는 이상 나는 또 글을 쓰지 않을 수 없었고 보름만에 퇴원한 그날부터 가

숨에 붕대를 감은 채 토지의 원고를 썼던 것이다. 백 장을 쓰고 나서 악착스런 내 자신에 나는 무서움을 느꼈다. 나는 주술에 걸린 죄인인가? 달리 할 일도 있었으련 만, 다른 길을 갈 수도 있었으련만……"

아인슈타인은 16세에 빛의 수수께끼를 푸는데 헌신하려는 결심을 하고 난 뒤부터 수학과 과학에만 관심을 갖고 몰두하게 되었고, 암기 과목인 역사 · 지리 · 어학에서는 관심이 없어 낮은 점수를 받았다. 특히 대학에서 4년간 물리학과 수학에 대해 공부할 때도 빛과 관계되는 분야에만 몰두하면서 좋은 점수를 받았고, 다른 분야에서는 낮은 점수를 받기도 했다. 그가 상대성이론을 연구할 때는 한번 방에 들어가면 2주 동안 밖에 잠시도 나오지 않고 식사도 거의 하지 않았다고 한다. 그가 상대성이론을 연구할 때의 집념과 열정은 상식을 넘어선 것이었다.

애플의 CEO인 스티브 잡스는 애플이 신제품 설명회를 열 때 매번 자신이 직접 프레젠테이션을 하며, 사람들 앞에 서는 한 시간을 위해 수백 번을 연습하기로 유명하다. 그는 한 번 프레젠테이션을 하기 위해 수 주, 수 시간 동안 연습하여 자신이 직접 짠 프레젠테이션 시나리오를 완벽히 익히고 프레젠테이션 장표의 몇 페이지에 어떤 부분에 무엇이 있는지를 완벽히 암기한다. 그래서 인지 그가 프레젠테이션을 할 때 마다 청중들은 그에게 매료되어 열광하게 된다. 그의 이런 열정은 일상 업무에도 그대로 나타난다. 그는 거의 매일 제품 마케팅이나 기술연구소를 직접 찾아가서 신제품 개발에 대한 진척사항, 개선사항, 문제 해결방안, 더 좋은 혁신 아이디어 등에 대해서 진지하게 토론하고 짜증이 날 정도로 세부사항에 집중하며 모든 신제품의 디자인과 사용성을 직접 테스트 하는 등 많은 사람들을 만나고 주도적으로 움직인다.

둘째, 푸근함이다. 혼을 불어 넣는 열정에는 푸근함이 공존한다. 열정이 바늘이라면 푸근함은 실과 같다. 푸근함은 열정을 끊임없이 발휘할 수 있도록 하는 촉진제와 같다. 감동문장과 함께 하는 그 순간, 감동문장을 열정적으로 실행해 가는 그 순간은 자신에게 가장 푸근한 순간이다.

박경리 선생은 1980년부터 원주에서의 삶을 시작하면서 《토지》를 계속해서 집필해 나아갔는데 그때의 심정을 다음과 같이 말했다.

"이른 봄 그 집에서 나는 혼자 살았다. 달빛이 스며드는 차가운 밤에는 이 세상의 끝의 끝으로 온 것과 같이 무섭기도 했지만 책상 하나 원고지, 펜 하나가 나를 지탱해 주었고 사마천을 생각하며 살았다." － 소설가 박경리의 시, '옛날의 그 집 중에서

셋째, 세련됨과 자신감과 자연스러움이다. 이 세 가지 힘은 푸근함을 느끼는 상태에서 개성이 가지고 있는 강점을 활용함과 동시에 강점이 강화 및 진화됨으로써 나오는 것이다. 자신과 동일화된 감동문장을 실현해 주는 강점은 아주 소중한 존재가 된다. 감동문장을 실행하는데 혼을 불어넣는다는 것은 그만큼 강점에 심혈을 기울인다는 의미다. 강점에 혼을 불어넣는다는 것은 강점이 강화되도록 무의식, 집단무의식, 상상력, 자아의식, 의식, 말과 행동 등 내면세계의 모든 것이 작용된다는 말이다. 자신이 보고 듣고 느끼고 생각하고 말

하고 행동하고 기억을 떠올리고 상상력을 발휘하고 무의식적으로 행동할 때
등 자신의 모든 것이 언제나 강점을 잘 활용하려는 쪽으로 작용한다는 말이기
도 하다. 이렇게 됨으로써 강점을 강화시키는 학습효과(또는 경험)가 나오고,
내면세계와 우주의 동기화와 이 학습효과로 인해 강점은 가속적으로 지속 강
화되는 탄력을 받아서 고요한 침묵기가 흐르고 나면 원대하고 위험한 목표를
실현할 수 있는 역량으로 발전한다.

그러나 내면세계의 각 부분이 서로 흩어져 각기 다른 쪽으로 활동한다면
강점이 강화될 수 없다. 이 말은 재능과 일치되지 않는 지식과 기술이 확보되
어 강점이 발전되지 않는다는 뜻이다. 예를 들어 피아노라는 재능과 피아노와
관련되는 지식과 기술을 확보하여 피아노 연주라는 강점을 가진 사람이 감동
적인 피아노 연주자가 되는 목표를 설정하였다고 할 때 바이올린 연주 연습을
한다거나, 기타를 멋지게 연주하는 상상을 한다거나, 대학에서 성악에 대해 공
부를 한다거나, 친구들과 모여 국악에 대해 연구를 한다거나, 합창단에 들어가
합창을 한다거나 하면 내면세계가 피아노 연주라는 강점에서 분산되어 그 강
점은 강화되지 못하거나 오히려 쇠퇴하고 말 것이다. 만약 이렇게 행동한다면
애초부터 목표를 감동적인 피아노 연주자가 아닌 음악의 다양한 분야를 접목
시켜 새로운 형태의 음악을 조화롭게 연주하는 연주자가 되는 방향으로 설정
하는 것이 바람직하다는 것이다.

'세련(洗鍊)'의 사전적 의미는 시련이나 경험을 갈고 닦아서 서투르거나
어색한 데가 없이 능숙하고 자연스럽게 되도록 하는 것이다. 세련됨은 앞에서
언급된 바와 같이 교감과 만나 창조의 대상에 대한 세세한 부분까지도 이미 내

면세계에 완성되어 있어 우주에 창조의 대상을 거침 없이 완성해 나아갈 수 있는 경지에 있는 상태, 즉 예술가적인 세련됨으로 발전한다.

'자신감'은 충분히 해낼 수 있다는 생각과 마음으로 강점을 활용할 수 있을 때 나오는 것이다. 강점을 활용하여 목표를 실행해 나아갈 때 강점이 더욱 강화되므로 더욱 더 강한 자신감을 가지게 된다.

'자연스러움'은 예술가적인 세련됨과 자신감, 푸근함에서 나오는 것이다. 감동문장을 실행해 나아가는 순간에는 괴로움도 없다. 턱턱 걸리는 불협화음도 없다. 항상 감동문장에 집중하지만 그 집중하는 자세에 부자연스러움이 없다. 푸근함을 느끼는 상태에서 감동문장을 강점으로 실행하는 순간에 나오는 자신의 모습이 가장 자연스럽다.

피카소는 1881년에 태어나 1973년 92세로 세상을 떠날 때 까지 무려 25만점이 넘는 다양한 작품을 남겼다. 이는 태어나는 순간부터 세상을 떠나는 날까지 매일 7점 정도의 작품을 창작한 것과 같다. 이와 같은 경지는 바로 예술적인 세련됨과 자신감, 자연스러움에서 나오는 것이다.

넷째, 소통이다. 소통은 감동문장에 의해 감동DNA가 활성화될 때 발휘되는 순수와 감동문장이 어울려서 나오는 것이다. 목표가 상대방이 원하는 것에 구체적인 부분까지 맞추어져 자신이 뜻하는 바가 목표를 통해 그대로 상대방에게 전달되도록 하는 것이다. 목표가 상대방에게 맞추어지지 않으면 목표가 실현되었을 때 창출되는 가치를 상대방이 제공받기 어렵다. 자신의 목표가 상대방에게 가치를 제공할 수 없다면 모든 것이 허사가 되어 양쪽 모두 패하고 만다. 소통은 상대방이 원하는 것을 충족시켜 주고 자신이 원하는 것을 그 대가로 얻는 것이기도 하다. 즉, 자신이 원하는 것과 상대방이 원하는 것을 구체적인 부분까지 일치시키는 것이다. 상대방이 원하는 것을 충족시켜 주지 못하거나 자신이 원하는 것을 얻을 수 없다면 어느 한쪽은 승리하고 어느 한쪽은 패하거나, 둘 다 패하고 만다. 결국 소통은 자신과 상대방이 승승(勝勝)의 관계를 형성하는 것이다.

이러한 소통의 속성은 다음과 같다.

① 상대방과 좋은 관계를 형성하고자 하는 호의적인 의지를 보여준다.

② 상대방을 존중하고 적극적으로 경청한다.

③ 상대방과 내가 가지고 있는 외적인 필요사항에 대해 이면의 진짜 필요한 것이 무엇인지 파악토록 한다.

④ 공평무사하다. 객관적인 판단 기준을 세우고 어떤 경우라도 이 기준을 고수한다.

⑤ 유연성을 가지고 승승(勝勝)할 수 있는 대안을 적극적으로 개발한다.

우주의 다양성으로 인해 한 사람이 가치를 창출할 수 있는 분야는 일부분에 국한되고, 한 사람이 어떤 한 현상이나 사실에 대해 알고 있는 것은 일부분에 불과한 경우가 많을 수밖에 없다. 때문에 필연적으로 사람들은 서로 협력해야만 존재할 수 있고 개인과 사회의 발전을 이어갈 수 있다. 상대방이 원하는 것을 충족시켜 주고 자신이 원하는 것을 그 대가로 얻기 위해서는 상대방이 원하는 것을 정확히 파악해야 하고, 어떠한 문제를 바르게 효과적으로 해결하기 위해선 그 문제를 둘러싼 사실들을 정확히 이해해야 하는 것은 당연하다. 어떠한 문제라는 것은 상대방이 원하는 것을 제대로 충족시켜주지 못하거나 자신이 원하는 것을 상대방으로부터 얻어낼 수 없을 경우에 발생한다. 사람들은 자신이 아는 것만으로도 어떤 현상이나 사실들을 잘 정리할 수 있다고 쉽게 믿지만, 많은 경우 자신이 알고 있는 것은 단편에 불과하여 자신이 알고 있는 것만으로 판단하고 행동하게 되면 엉뚱한 방향으로 일이 진행되어 손실만 초래하기 쉽다.

이상의 여섯 가지 창조성이 발휘되는 원리는 우리 자신이 스스로 분석하고 생각한다고 해서 변화하지 않고 남이 멋진 해결책을 자신에게 가르쳐준다고 해서도 변화하지 않으며, 머리에 해당하는 이성과 마음에 해당하는 감성이 동시에 자연스럽게 움직여야 자신이 진정으로 변화한다는 것을 시사하고 있다. 마찬가지로 상대방을 설득시키기 위해선 상대방의 머리와 가슴이 동시에 자연스럽게 움직일 수 있도록 감동을 줘야 한다는 사실도 의미하고 있다.

뜻과 목표로 구성된 감동문장에 의해 순수 · 개성 · 사랑 · 사고 · 믿음이 활성화될 때 마음에 뜻이 자리잡으면서 마음이 뜻과 목표를 사랑하는 것이 되고, 생각에 순수와 믿음이 자리잡으면서 생각이 뜻과 목표를 위한 사고가 되고, 모든 자원이 개성의 강점으로 결집되어 자원이 곧 강점이 됨으로써 내면세계의 자유도와 힘이 동시에 증진되어 내면세계는 감동적인 음악을 연주하게 된다. 이때 동기화의 법칙에 따라 우주가 감동적인 음악을 연주하게 되어 자신이 포함된 우주가 뜻을 펼치는 수단인 목표를 실행하게 된다. 이로써 목표가 눈에 보이는 실체로 실현되는 것이다.

다시 말해 '순수'로 자신에 대한 존재의 의미를 추구해 나아감으로써 내면세계의 자유도와 힘을 동시에 상승시켜 존재의 의미를 실현한다는 것이다. 순수란 내적인 자유를 말한다. 그리고 존재의 의미를 추구해간다는 것은 실현된다는 믿음을 가지고 우주가 주는 강점을 이용하여 혼을 불어넣는 열정으로 자신의 뜻을 펼치는 수단인 목표를 실행해 간다는 말이다. 이와 같이 되었을 때 우리는 위대한 창조를 실현하여 독창적이고 소중한 가치를 이 세상에 널리 제공하는 가치 있는 존재가 됨과 동시에 자기 스스로도 행복한 존재가 되는 것이다. 오뚝이컨셉은 자유도와 힘을 동시에 올렸을 때 힘이 바르고 자유롭게 무한히 발휘되는 이유를 설명해 준다.

감동문장이 없어 힘을 바르고 자유롭게 무한히 발휘하지 못하거나 집착과 그로 인한 구속으로 모순에 빠지게 되면 도피적인 불완전 자유를 추구하는 패배주의형과 폐쇄형이 되거나, 경계 심리에서 기인한 불안한 마음으로 방어적이고 공격적인 힘을 발휘하는 경쟁형과 호전형이 되거나, 이것도 저것도 아닌 현실에 안주하고자 하는 현실안주형이 되거나 한다. 이러한 사람들은 내면세계가 모순에 빠져 불협화음을 내는 상태에 있고, 동기화의 법칙에 따라 우주도 똑같이 모순에 빠져 불협화음을 내기 때문에 패배주의형에게는 패배가, 폐쇄형에게는 폐쇄가, 경쟁형에게는 경쟁이, 호전형에게는 전쟁이, 현실안주형에게는 발전 없는 정체가 돌아올 뿐이다. 여기서 패배주의형·폐쇄형·현실안주형·경쟁형·호전형은 허위에 집착하는 집착형이다.

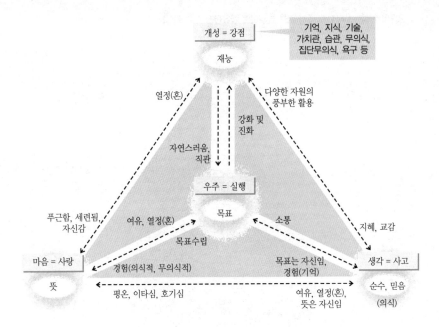

감동적인 음악을 연주하는 감동형의 내면세계와 우주의 동기화

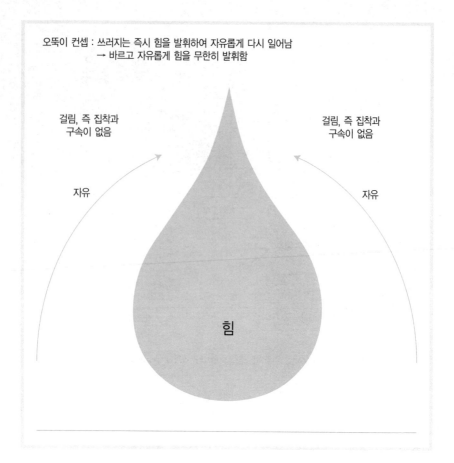

오뚝이 컨셉 : 쓰러지는 즉시 힘을 발휘하여 자유롭게 다시 일어남
 → 바르고 자유롭게 힘을 무한히 발휘함

걸림, 즉 집착과
구속이 없음

걸림, 즉 집착과
구속이 없음

자유

자유

힘

다양성을 가진 우주에서 경쟁형과 호전형은 치열한 경쟁을 통해 최고중의 최고가 되는 'Best of Best' 전략을 구사하고, 패배주의형과 폐쇄형도 마찬가지로 Best of Best 전략을 구사하는데 단지 경쟁에서 져 도태되거나 경쟁에 지쳐 뒤로 물러나 있는 형태이다. 현실 안주형도 마찬가지로 Best of Best 전략을 구사하는데 어느 정도 편하고 경제적으로 문제가 없다면 치열한 경쟁에서 오는 위험과 고통을 피해 현실에 안주해 버리는 무승부 형태를 보인다. 반면, 감동문장으로 감동DNA를 활성화시킨 감동형은 적자생존의 관점과 승승 (Win-Win)의 관점에서 우주가 자신에게 준 유일한 강점을 바르고 자유롭게 무한히 발휘해서 독창적인 가치를 창출하는 'Only One' 전략을 펼친다.

패배주의형과 폐쇄형, 경쟁형, 호전형, 현실안주형은 가치 창출과 관계없이 승리와 패배에 중점을 두는 반면 감동형은 감동문장의 실현을 통한 가치 창출에 중점을 둔다. 특히 폐쇄형은 패배에 심한 충격을 받아 패배로부터 빠져나오지 못하는 형태이고, 호전형은 수단과 방법을 가리지 않고 상대를 무너뜨리고 정복하는데 목표를 둔다. 이와 같이 승패에 집착하는 다섯 가지 유형의 행동방식은 불안한 심리상태에서 불평 · 불만 · 비난 · 자책 등 부정적인 의식에 빠져 뒤로 물러나거나 소모적으로 힘을 발휘하는 반면, 감동형은 삶의 진정한 의미를 알고 실천하며 무한한 힘을 발휘하면서도 평온한 행복감을 느낀다.

예를 들어, 어떤 두 팀이 야구 경기를 하고 있을 때 감동형과 승패에 집착하는 나머지 다섯 가지 형의 사람들이 응원을 한다고 생각해 보자.

감동형은 야구 경기가 주는 의미에 중점을 둔다. 야구 경기는 재미있는 잔치로 어느 팀의 선수이든, 어느 팀을 응원하는 사람이든, 모두를 즐겁게 해

주기 위해 진행되는 것임을 안다. 경기에 집중하면서 선수들의 아기자기하고 멋진 플레이와 승리를 향한 양 팀의 열정적인 움직임, 관중들의 열정적인 응원에 재미를 느끼며 감동을 받는다. 누가 이기고 지는 가는 중요치 않다. 자신의 팀이 이기든 지든 경기를 관람하고 있을 때뿐만 아니라 경기가 끝난 후에도 마음은 여전히 가볍고 즐거우며 그동안 쌓인 피로가 확 풀린 느낌을 받는다.

승패에 집착하는 다섯 가지 유형, 즉 집착형은 자신의 팀이 이기는데 중점을 두고 경기를 관람하고 응원한다. 패배주의형과 폐쇄형, 경쟁형, 호전형은 자신의 팀이 이기고 있으면 흥분하고 열띤 응원을 펼치지만 자신의 팀이 지고 있으면 기가 팍 죽어 조용해지며, 팀 소속 선수들의 플레이에 불만을 느껴 마음이 불편해지고 과하면 선수들을 비난하거나 불평·불만을 토로한다. 경기가 자기 팀의 승리로 끝나면 자신이 잘 해서 승리한 것 마냥 승리자의 권위를 만끽하고 패자를 조롱하기도 한다. 그러나 승리의 순간이 어느 정도 지나면 자신의 내면에는 허무함이 자리 잡고 심하면 마음이 불안해지기 시작하며 승리의 쾌감을 다시 맛볼 수 있는 그 순간을 기다리며 경쟁심을 불러일으킨다.

경기가 자기 팀의 패배로 끝나면 패배주의형은 '역시 우리 팀이 이기길 바라는 내가 바보다' 는 식으로 자신의 팀이 원래 무능했는데 그 무능함을 확인했고 앞으로도 잘해봐야 또 패할 것이니 마음 편하기 위해선 다음 경기를 관람하지 않는 편이 좋다고 결론을 내린다. 그리고, 폐쇄형은 거기에 더해 패배의 충격을 받아 자신의 팀과 다른 팀간의 경기든, 다른 팀들간의 경기든 야구경기 자체를 관람하지 않을 것이라고 맹세하고 더 이상 관람하지 않기도 한다.

경쟁형과 호전형은 이번 패배에 대해 계속해서 팀을 비난하거나 불평, 불

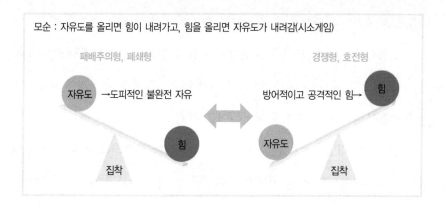

모순 : 자유도를 올리면 힘이 내려가고, 힘을 올리면 자유도가 내려감(시소게임)

패배주의형, 폐쇄형

자유도 →도피적인 불완전 자유

힘

집착

경쟁형, 호전형

방어적이고 공격적인 힘→ 힘

자유도

집착

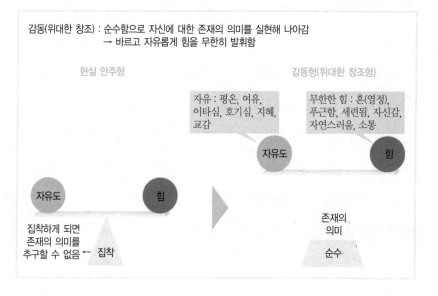

감동(위대한 창조) : 순수함으로 자신에 대한 존재의 의미를 실현해 나아감
→ 바르고 자유롭게 힘을 무한히 발휘함

현실 안주형

감동형(위대한 창조형)

자유 : 평온, 여유,
이타심, 호기심, 지혜,
교감

무한한 힘 : 혼(열정),
푸근함, 세련됨, 자신감,
자연스러움, 소통

자유도

힘

자유도

힘

집착하게 되면
존재의 의미를
추구할 수 없음 ← 집착

존재의
의미

순수

만을 토로하기도 하면서 다음 경기에서 승리를 맛볼 수 있는 순간을 학수고대하며 경쟁심을 불태운다. 특히 호전형은 자신이 응원하는 팀을 승리 확률이 높은 다른 팀으로 바꿔버리기도 한다. 현실안주형은 자신의 팀이 지면 괴로우니 아예 처음부터 우리 팀이 지든 이기든 경기에 관심을 두지 않는 형식을 취한다.

감동형은 내면세계가 순수함으로 자신에 대한 존재의 의미를 추구해 나아감으로써 자유도와 힘을 동시에 올려 자신의 힘을 바르고 자유롭게 무한히 발휘하여 위대한 창조를 실현한다. 이 말은 내면세계가 자유도와 힘을 동시에 올려 힘을 바르고 자유롭게 무한히 발휘하여야 위대한 창조를 실현하게 된다는 의미를 포함하고 있다. 힘을 바르고 자유롭게 무한히 발휘하여야 위대한 창조를 실현할 수 있는 이유는 다음과 같다.

위대한 창조 실현법칙은 불교의 '색즉시공 공즉시색(色卽是空 空卽是色: 보이나 보이지 않고, 보이지 않으나 보인다. 물질이 곧 공이요, 공이 곧 물질이다)'으로 표현된다. 즉, 실행법칙은 "아무리 좋아 보이는 것도 그 실체를 알면 믿을만한 확실한 것은 아무것도 없으나, 믿음을 가지고 꾸준히 실행해 나아가면 바라는 것을 성취할 수 있다." 또는 "눈앞에 아무리 좋은 것이 나타나도 관심이 없으면 보이지 않으나, 눈앞에 아무것도 보이지 않더라도 관심을 가지면 좋은 것이 나타난다."로 해석된다. 여기서 '관심을 가지면 좋은 일 또는 대상이 나타난다'는 것은 내면세계와 우주가 동기화되기 때문에 일어나는 것이다.

우리는 자신이 원하는 것을 한꺼번에 속 시원히 해결해주는 비책을 원한다. 사람들은 어떤 한 해결책에 의해 당면한 문제가 풀리면 순탄한 대로를 달려나갈 수 있을 것이라고 생각하지만, 우주는 다양성을 가지고 있기 때문에 예측하기가 어렵고, 한 가지의 해결책에 의해 자신이 바라는 것을 성취할 수 있는 비결을 제공하지도 않는다. 그래서 막 일을 추진해 나아가면 당장 모든 것을 해결해줄 것 같은 비책들이 눈에 보이지만, 실상 그 비책들을 실행해 가다 보면 또 다른 문제가 줄줄이 발생하게 된다. 어떤 경우는 그 비책에 현혹 당해 자신이 가지고 있는 모든 것을 한꺼번에 쏟아붓지만, 결국 허무하게 또 다른 과제만 남긴 채 실패하고 만다.

우주는 우리의 머릿속에 채워져 있는 것을 찾도록 온 몸의 신경계가 움직이도록 만들어 놓았다. 예를 들면 우리가 한 가지 문제를 걱정하게 되면 머릿속은 그 걱정거리로 채워지게 되고, 우리 몸의 신경계는 그 걱정거리와 비슷한 또 다른 걱정거리를 찾아내어 걱정이 심화되기 시작한다. 반면에 한 가지 기쁜 일을 생각하게 되면 그 기쁨이 배가되기 시작한다. 부정은 부정을 불러오고 긍정은 긍정을 불러오며, 자신이 믿는 대로 진행되어 나아가는 이유가 여기에 있다. 이 또한 내면세계와 우주가 동기화되기 때문에 일어나는 것이다. 따라서 어떤 것을 실행할 때 반드시 더 쉽게, 더 효율적으로 돈을 들이지 않고 실행하도록 해주는 방법이 있다고 믿으면 그 방법은 어떤 형태를 뛰든 하나 둘씩 서서히 눈앞에 나타난다. 비책은 아니지만, 차근차근 전진하도록 해주는 효율적이고 더 훌륭한 방법들이 저절로 보이게 된다는 것이다.

결국 일을 막 추진해 나갈 때 그 실체를 알고 나면 믿을 만한 것이 하나도 없지만, 성공할 수 있다는 믿음과 마음의 여유를 가지고 차근차근 나아가면 예측 불허한 상황을 제어하고 성공을 향해 나아가도록 해주는 깊고 폭넓은 역량이 쌓이게 되며, 이 역량의 에너지가 축적되고 축적된 정도가 임계점을 돌파하면 눈에 보이는 큰 성과가 분수처럼 순식간에 솟아오른다. 즉, 긴 축적의 과정이 지나고 나면 큰 기쁨이 오게 된다는 것이다. 이것은 앞에서 혼을 불어넣어 강점을 발휘하면 학습효과 및 내면세계와 우주의 동기화에 의해 강점이 원대하고 위험한 목표를 달성할 수 있는 역량으로 발전한다는 것과 같은 말이다.

어떤 프로젝트를 처음 추진해 나갈 때 세상이 비웃듯 연속되는 실패와 좌절을 경험하지만, 그것은 단지 우주가 창조의 뜻을 가진 사람들에게 바른 길을 가도록 하여 마침내 진정 위대한 것을 성취하도록 하기위해 만들어 놓은 과정일 뿐이라는 것이다. 다시 말해서 실패란 없는 것이며, 단지 우리가 뜻대로 진행되지 않을 때 실패라고 생각할 뿐이지 지나고 나면 실패가 성공을 위해 필요한 하나의 과정이었고, 실패가 성공에 상당한 도움을 주었다는 것을 깨닫게 되는 것이다.

이는 역대수의 법칙이 설명해 준다. 대수의 법칙은 동전 하나를 던졌을 때 앞면과 뒷면이 나올 확률은 각각 50%이지만 열 번을 던졌을 때 실재로 앞면과 뒷면이 나오는 비율이 50%대 50%와 차이가 많이 나는 경우가 흔하고 백 번을 던지면 실재로 나오는 비율이 10번을 던졌을 때 보다 50%대 50%에 가깝게 나오는 경우가 더 많고 던지는 횟수를 증가시키면 시킬수록 50%대 50%에 가깝게 나오는 경우가 더욱 많아지는 현상을 말한다. 역대수의 법칙은 처음에 어떤 일에 도전했을 때 성공할 확률이 10%이고 실패할 확률이 90%이면, 그 일에 첫 번째 도전을 때 실재 성공한 비율은 10%에 가깝지만 그 일에 도전하는 횟수가 증가되면 될수록 실재 성공하는 비율은 100%에 더욱 더 가까워지는 현상을 말한다. 역대수의 법칙은 내면세계와 우주의 동기화법칙과 학습 효과에 의해 나타나는 현상이다.

앞에서 언급된 바와 같이, 별의 내부에서 사람의 사고1에 해당하는 강력이 원자들의 핵을 융합시켜 새로운 원소를 만들어 내기 위해서는 그 만큼 충분히 많은 물질구름들이 사람의 사랑에 해당하는 중력에 의해 끌어당겨져 별의 크기가 그만큼 충분히 커야 한다. 그렇듯이 사람도 새로운 것을 만들어 내기 위해서는 그 새로운 것에 맞게 충분한 지식, 정보, 기술, 행동 등을 끌어들여야 한다. 따라서 순수한 마음으로 자신에 대한 존재의 의미를 추구해 나아감으로써 내면세계의 자유도와 힘을 동시에 끌어올리고, 이를 통해 힘을 바르고 자유롭게 무한히 발휘하는 것이 절대적이라는 사실을 알 수 있다. 이와 같이 위대한 창조 실현법칙은 포기하지 않는 집중, 적극적으로 배우려고 하는 겸손한 자세, 여유 있는 끈기 뒤의 위대한 성취를 말하고 있다. 포기하지 않는 집중과 여유 있는 끈기는 힘을 무한히 발휘하는 것이고, 겸손은 순수함이 주는 자유에서 나오는 것이다.

가속·도약 컨셉에서 알 수 있듯이 뜻은 바퀴에서 축과 같은 역할을 하므로 뜻을 저버리거나 상실하면 축이 없는 바퀴와 같아서 힘을 바르고 자유롭게 무한히 발휘하지 못해 급격히 몰락하거나 도약을 통해 원대하고 위험한 목표 달성과 뜻을 실현하는 단계까지 도달할 수 없음을 주지해야 한다.

가속 · 도약 컨셉 : 순수함으로 자신에 대한 존재의 의미를 실현해 나아감
　　→ 바르고 자유롭게 힘을 무한히 발휘하여 원대하고 위험한 목표를 달성하고
　　　 뜻을 실현함

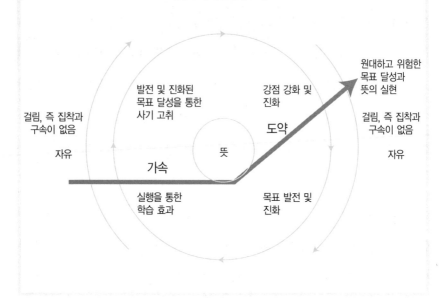

감동 문장의 발전과 진화

원대하고 위험한
목표 달성과
뜻의 실현

발전 및 진화된
목표 달성을 통한
사기 고취

강점 강화 및
진화

걸림, 즉 집착과
구속이 없음

도약

걸림, 즉 집착과
구속이 없음

자유

뜻

자유

가속

실행을 통한
학습 효과

목표 발전 및
진화

　사람의 감정과 창조성에 영향을 미치는 주요 뇌신경전달물질은 노르아드레날린, 도파민(엔돌핀), 세로토닌 등이다.

　노르아드레날린은 불안, 부정적인 생각, 스트레스 반응, 깨끗하고 명료한 의식 등을 일으켜 위험을 방어하는 역할을 하며 교감신경 말단에서 분비된다. 과다 분비되면 분노, 공격성, 폭력, 불안, 정신적 공황을 유발한다. 개체 보존을 위해 만들어진 호르몬이다.

　도파민(엔돌핀)은 쾌감, 정열적 움직임, 긍정적인 생각, 성욕, 식욕 등을 유발시키는 흥분전달물질로 대뇌 밑 중뇌의 복측에 있는 흑질부위에서 분비되며, 사람의 활력과 창조성의 원천이다. 웃음, 칭찬, 성취감, 애인과 함께할 때의 행복감 등에 의해 분비된다. 도파민이 부족하면 우울증과 파킨슨병에 걸릴 수 있고, 과다 분비되면 조울증이나 정신분열증을 일으키기도 하며, 쾌감을 동반하기 때문에 술, 도박, 게임이 지나치면 과다 분비되어 중독될 수 있다.

　행복호르몬으로 불리는 세로토닌은 노르아드레날린과 도파민이 적절하게 분비되도록 하여 너무 흥분하지도 않고 불안한 감정도 갖지 않게 평온함을 갖도록 해준다. 척수 위에 있는 봉선핵에서 분비되는 세로토닌은 평온, 생기, 의욕을 갖도록 하고, 창조성과 관련되는 주의집중력과 기억력을 향상시킨다. 세로토닌 분비량이 적어지면 우울증, 성격장애, 거식증, 폭식증, 공황장애, 강박장애, 중독증, 비만, 과민성대장증후군 등이 발생한다. 세로토닌은 욕구를 이성적으로 충족시키거나 운동, 움직임, 말하기, 소리내기, 씹기, 사랑과 성,

공동체 생활에서의 끈끈한 정, 웃기, 노래 부르기 등에 의해 분비가 촉진된다.

사람의 이마 바로 뒷부분에 있는 전두엽은 기억력, 사고력 등 고등행동을 관장하며, 포유류 중에서 고등일수록 더 발달되어 있어 사람이 가장 많이 발달되어 있다. 이는 사랑이 끌어들인 것을 저장하는 기억력과 끌어들인 것을 재조합하는 사고력은 사람이 가장 발달되어 있다는 것을 말해준다. 동시에 감동DNA의 요소에 해당하는 사랑, 사고와 관련되는 기능이 사람에게 가장 발달되어 있다는 사실은 사람의 감동DNA가 가장 잘 발달되어 있음을 시사해 준다.

대뇌반구의 안쪽과 밑면에는 종족유지에 필요한 본능적 욕구와 직접적으로 관계되는 해마회, 대상회, 편도핵, 중격핵, 미상핵 등이 있다. 이 부분들은 노르아드레날린, 도파민, 세로토닌에 반응하면서 사람의 감정과 창조성에 큰 영향을 끼친다.

해마는 매순간 일어나는 경험을 저장하고 기억을 상기시키며 어떤 방향으로 나아가야 할지 결정하는 역할을 한다. 학습과 창조성에 중요한 역할을 하며 바다에 사는 해마와 비슷하다고 해서 해마라고 부른다. 해마에는 스트레스 호르몬인 코르티솔을 수용하는 수용체가 있는데, 이 수용체가 코르티솔이 단기적이고 급성으로 분비가 되면 그 때 일어나는 경험을 해마가 더 잘 기억하도록 하여 학습효과를 높이도록 한다. 그런데 코르티솔이 필요한 수치 이상으로 분비되면 해마의 크기가 작아져서 오히려 해마의 기능이 떨어진다. 코르티솔은 우리 몸에 스트레스가 가해지면 몸이 최대한의 에너지를 만들어내어 스트레스에 대항하도록 한다. 치매 환자들의 해마는 치매에 걸리지 않는 사람보다

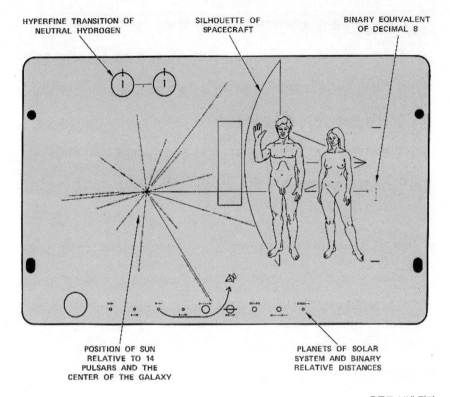

HYPERFINE TRANSITION OF
NEUTRAL HYDROGEN

SILHOUETTE OF
SPACECRAFT

BINARY EQUIVALENT
OF DECIMAL 8

POSITION OF SUN
RELATIVE TO 14
PULSARS AND THE
CENTER OF THE GALAXY

PLANETS OF SOLAR
SYSTEM AND BINARY
RELATIVE DISTANCES

우주로 보낸 편지

크기가 평균적으로 약 10% 작고 스트레스가 치매를 일으키는 원인 중의 하나라는 연구결과가 있다. 자신이 사랑하는 것과 자신의 개성과 어울리는 것을 실행하면 기분이 좋아지고 자연스러움과 행복감을 느껴 도파민과 세로토닌이 분비되며, 이때 코르티솔이 적절하게 분비되어 해마에 의한 학습과 창조성이 높아진다. 또한 도파민과 세로토닌은 해마에 직접적인 영향을 주어 해마가 평온하면서도 활발하게 활동하도록 하여 창조성을 더욱 높인다.

연인과 사랑에 빠진 사람의 뇌를 자기영상으로 촬영하면 도파민 분비가 촉진되는 것을 볼 수 있다. 감동문장은 사랑하는 연인과 같은 역할을 하여 도파민을 적절하게 분비하게 하고 적절하게 분비된 도파민은 창조성을 향상시킨다. 또한 사람이 취미생활을 하거나 무엇인가에 도전하여 성취감을 느끼게 되면 도파민이 적절하게 분비가 된다. 취미생활은 자신이 사랑하는 것이고 자신의 개성을 통해 자연스럽게 실행할 수 있는 것이다. 감동문장을 실행한다는 것은 취미생활을 하는 것과 같고 자동적으로 감동문장에 도전하는 것이 된다. 따라서 감동문장은 적절하게 도파민을 분비하도록 하여 창조성을 향상시킨다.

도파민이 분비되면 미상핵은 도파민을 분비하도록 하는 것을 믿고 신뢰하도록 만들고 때론 자신의 모든 것을 바치도록 한다. 마치 도파민을 분비하게 하는 사랑하는 애인에게 자신의 모든 것을 바치도록 하는 것과 같다.

중격핵은 도파민에 반응해 쾌감을 유발하여 도파민을 분비시키게 하는 애인과 늘 함께하고 싶어지도록 만든다. 이와 마찬가지로 중격핵은 도파민을 분비시키게 하는 자신의 감동문장과 늘 함께하고 싶어지도록 만든다.

편도핵은 불안, 걱정, 두려움에 반응하여 분노, 공격, 방어 반응을 이끌어 자신이 보호받고 생존하도록 한다. 그러나 편도핵이 과민반응하면 어떤 일에 도전하고자 할 때 실패할까봐 불안하여 포기해 버리거나 발표나 연설을 할 때 지나치게 긴장하고 위축되어 올바르게 진행할 수가 없게 되거나 한다. 도파민이 적절하게 분비되면 편도핵도 기분이 좋은 상태가 되어 이러한 과민반응을 예방할 수 있고, 미상핵이 믿음을 불어넣어 주어 '실패할지라도 좋은 것을 배우므로 그 만큼 얻는 것이 있을 것이다. 나는 해낸다. 열심히 노력하면 된다.' 라는 긍정적인 반응을 이끌어 낼 수 있다. 역으로 우리가 믿음을 가지고 있다면 편도핵을 기분 좋게 하고 뇌 전체의 기분을 좋게 함으로써 도파민 분비를 촉진하여 창조성을 향상시킬 수 있을 것이다.

대상회는 부정적인 반응을 긍정적인 반응으로 전환시키고, 집중하는 대상을 어렵지 않게 바꾸도록 해주고, 기분을 전환시켜 주는 등 유연성과 융통성을 관장한다. 그러나 대상회가 이성과 논리의 통제를 벗어나 과도하게 활동하게 되면 부정적인 것에 지속적으로 구속되는 강박관념에 빠질 수 있다. 이때 뇌는 불안, 걱정, 두려움과 같은 부정적인 감정으로 가득 차서 심한 스트레스를 받게 되어 창조성이 상당히 떨어진다. 그렇지만 구속되는 강박관념을 부정적인 것에서 감동문장과 같은 긍정적인 것으로 전환시키면 오히려 뇌가 감동상태에 계속 머물 수 있어 기분이 좋은 상태가 지속되어 창조성이 크게 향상된다. 감동문장을 가지게 되면 부정적인 것에 빠진 강박관념을 감동문장에 오랫동안 집중하도록 하는 창조성을 가진 기분 좋은 집중력으로 전환시킬 수 있다는 말이다.

명상은 순수한 의식의 상태와 거의 유사하다. 명상을 하게 되면 스트레스 호르몬의 수치는 떨어지고 도파민의 분비가 촉진된다. 또한 전두엽의 두께가 나이가 들면서 얇아지는 것을 느리게 한다. 사람이 순수함을 유지한다는 것은 그만큼 창조성을 향상시키고 오래 유지시킬 수 있음을 뜻한다. 이는 사람이 순수함을 갖도록 해주는 감동문장의 유익한 효과를 말해주고 있다. 사람들은 기분 좋은 장면을 상상하게 되면 체내에서 도파민이 분비된다. 도파민 부족에 시달리는 현대인들에게 감동문장을 실현하는 상상은 그 만큼 도파민의 분비를 촉진할 수 있는 활력소가 된다는 말이다.

뇌는 필요한 상황에 맞추어 신경망을 끊임없이 재구성하는데 이를 뇌의 가소성이라고 한다. 희귀병인 라스무센 뇌염으로 16세에 뇌의 절반인 우측 뇌를 완전히 절단했음에도 걷고, 말하고, 두 눈으로 보고, 지적 능력을 발휘하는데 불편함이 없는 30대 중반의 케나다 여성의 이야기는 놀랄만하다. 우측 뇌는 몸의 좌측을 관장하므로 우측 뇌를 절단하면 몸의 좌측이 마비되어 좌측 눈은 시력을 완전히 잃고, 말하기는 거의 불가능하고, 걸을 수도 없고, 몸의 좌측은 감각을 잃고, 지능은 반으로 줄어드는 것이 일반적인 현상이다. 의사들이 그녀의 우측 뇌를 절단할 때 그녀는 평생 휠체어에 누워 아무것도 할 수 없을 것이라고 예상했다. 하지만 그녀는 수술을 받자마자 정상인과 똑같이 되고 싶어 말하고 걷고 공부하면서 재활연습을 꾸준히 했으며, 재활연습을 하고 난후 48시간이 지나자 말을 할 수 있었고, 몇 주후엔 혼자 걸을 수 있을 정도로 빠르게 정상 상태를 회복해 갔다. 약 19년이 지난 2009년, 그녀는 왼쪽 팔만 움직일 수 없을 뿐 다른 신체 부위는 거의 회복이 되었고 왼팔도 꾸준히 수영으로 재활연습을 한 결과 조금씩 움직이기 시작했다. 우리가 믿음을 가지고 감동문장을 실행해 나아간다면 뇌도 신경망을 재구성하여 감동문장을 실현할 수 있는 방향으로 나아간다는 것을 증명해주는 사례이다.

그러나 태어날 때부터 선천적으로 완전히 시력이 없었던 사람이나 태어나는 순간 사고 등으로 시력을 완전히 상실해서 보는 것이 무엇인지 알 수 없는 사람들은 보는 것을 정확히 갈구할 수 없어 시력을 갖거나 회복할 수 없다는 사실도 밝혀졌다. 이는 감동문장이 구체화되어야만 실현이 가능함을 암시해 주고 있다.

사람이 꿈을 꾸게 되면 전두엽에 있는 논리센터는 수면상태에 들어가지만 그 외 부분은 깨어있다. 그래서 뇌는 논리의 속박에서 벗어나 마음껏 상상력을 발휘하여 대중 앞에서 연설을 잘하는 자신의 모습, 사랑하는 연인과 함께 있는 모습, 바라는 소망이 성취된 모습 등을 자유롭게 연출한다. 이와 같이 무의식적으로 연출된 장면이 평상시 오랜 시간동안 깊이 생각해 보았지만 찾지 못했던 좋은 답이 되기도 한다. 아인슈타인은 빛의 속도로 썰매여행을 하는 꿈을 꾸고 상대성이론을 생각해냈다고 한다.

꿈은 해마에 임시적으로 뒤죽박죽 불안정하게 저장된 기억 중에서 필요하고 중요한 것은 영구기억저장소에 저장하고 그렇지 않은 것은 버리며, 열심히 공부한 것을 정리하여 영구기억장소에 저장한다. 꿈은 사고2와 순수한 의식의 역할을 하는 것이다. 우리가 감동문장에 집중하면서 좋은 아이디어를 찾기 위해 깊이 생각하고 감동문장을 열정적으로 실행하면 우리의 뇌는 꿈을 통해 창조성을 발휘하여 지원해준다는 사실을 알 수 있다.

일란성 쌍둥이는 DNA에 기록되어 있는 유전자배열이 동일해 뇌신경망의 구조와 활동이 거의 동일하기 때문에 거의 동일한 성격을 가지고 태어난다. 그러나 성장배경, 교육상태, 자신의 희망과 결심에 따른 행동변화 등에 의해서 동일한 유전자배열을 가졌더라도 유전자배열 안에 있는 각 부분의 활동이 달라져서 뇌신경망의 구조와 활동이 바뀌어 성격이 달라진다는 연구결과가 있다. 유전자배열의 각 부분들을 어떻게 활성화시키느냐에 따라 자신의 성격이 바뀌므로 삶도 바뀐다는 것이다. 감동문장을 통해 감동DNA를 활성화시키는 사람과 그렇지 않은 사람은 뇌신경망의 구조와 활동이 다르고, 이에 따라 성격과 삶도 달라진다는 것을 말해주고 있다.

감동 상태에 있을 때 뇌가 창조성을 발휘한다는 증거는 이제까지 언급된 것들 예외도 많이 있다. 감동문장은 우리를 감동 상태에 놓여있도록 함으로써 뇌 전체의 건강과 창조성 향상에 큰 역할을 한다는 것을 알 수 있다. 과학자들은 아인슈타인의 뇌를 연구하였지만, 그의 뇌와 수학과 물리학 분야에서 탁월성을 보이는 사람들의 뇌를 비교할 때 특별한 차이점을 밝혀내지 못했다고 한다. 다시 말해, 천재의 뇌가 특별하다는 증거를 찾지 못했던 것이다. 창조성은 특별한 뇌구조에서 나오는 것이 아니라 감동문장에서 기인함을 알 수 있다.

대소용돌이 은하 NGC 1232

다윈의 진화론은 생명의 기원은 수 억년이 되었고, 단세포 또는 다세포 유기체가 오늘날 다양한 생명체로 진화했으며, 단순한 유기체로부터 오늘날 수많은 생물이 탄생하게 된 이유는 '자연선택'이라는 법칙 때문이라고 주장한다. 자연선택이란 자연은 개체들 중에서 환경에 적합하고 우수한 개체를 선택하여 번식이 가능하게 하고, 그렇지 못한 개체들은 도태시킨다는 것을 의미한다. 또한 자연선택은 대부분의 개체군에서 변이가 일어나고, 변이 중에는 자손에게 유전 되는 것도 있으며, 모든 개체군은 생존에 필요한 수보다 훨씬 많은 자손을 남기고, 환경에 적응하는 개체가 그렇지 못한 개체보다 살아남을 수 있는 가능성이 크며, 더 많은 자손을 남긴다고 가정한다.

자연선택은 변화하는 환경에 가장 잘 적응하는 자가 살아남는다는 적자생존을 의미하는 것이다. 그러나 다윈은 변이가 일어나는 원인을 설명하지 못했고, 단지 라마르크의 용불용설과 획득형질유전론을 채택하여 변이가 일어난다고 설명했다. 용불용설은 자주 사용하는 기관은 발달하고 사용하지 않는 기관은 퇴화한다는 것인데, 그 예로 기린은 원래 목이 짧았지만 높은 나무의 나뭇잎을 먹기 위해 목을 위로 길게 뻗는 동작을 많이 해서 목이 길어졌다는 것이고, 획득형질유전론은 기린의 길어진 목은 획득형질인데 이 획득형질이 유전된다는 것이다. 훗날 멘델은 획득형질은 유전되지 않음을 증명하여 용불용설에 의한 진화는 설득력을 잃었다.

과거에는 한 종의 인간이 계속 고등(高等)으로 바통달리기 식으로 진화하여 현재의 인간이 되었다고 믿었지만, 최근 밝혀진 사실에 따르면 인간도 800만년 이전부터 하등한 한 종에서 출발해서 나무의 가지처럼 여러 인간의 종으로 분화되어 진화하다가 그중에서 변화하는 환경에 가장 잘 적응하는 종인 적자(適者)가 생존하여 현재의 인간이 되었다고 한다.

DNA가 음악을 저장하는 CD라고 가정하면 CD에 저장된 음악들은 유전자들이며, 음악 하나는 유전자 하나이다. 유전자는 부모에서 자식으로 물려지는 하나의 특징을 만들어내는 인자로서 유전정보의 단위이다. DNA는 A, C, G, T로 각각 정의된 4개의 코드가 다양하게 조합된 이중나선형의 코드배열구조를 취하고 있는데 그 이중나선형의 코드배열구조에서 유전적 특징을 만들어내는 하나의 코드배열(DNA분절)이 한 유전자가 되고, 그 유전자들의 집합체가 DNA인 것이다. 유전자 중에서 전이유전자는 다음 세대에서 유전적 돌연변이의 원인이 되어 암 같은 질병을 일으키기도 하지만 변화하는 환경에 대응해 유전자가 변이하도록 함으로써 한 종이 진화하도록 촉진하는 역할을 한다.

최종적으로 살아남아 현재의 인간이 된 종은 지속적으로 변화하는 환경에 가장 잘 적응하는 변이를 가장 빠르게 발생시켜 왔을 것이다. 우주를 진화시키는 요소들에 해당하는 인간의 5가지 요소들로 구성된 감동DNA가 활성화될 때 그 변이가 발생되었고, 그 종은 감동DNA를 가장 많이 활성화한 종이 아닐까? 이렇든 저렇든 감동DNA는 현재의 인간이 지속적으로 위대한 창조를 실현하고 진화하도록 하는 것은 분명할 것이다.

제3부

위대한 창조를 실현하는
감동DNA

모순을 감동으로 전환시키는 데에 있어서 우선적인 것은 형식, 공식, 간판 등에 얽매이지 않고 감동문장에 집중하는 것이다. 그리고 현실이 감동문장 실행에 도움을 주는 것으로 인식을 전환시켜 현실을 그대로 감동공간으로 전환시키거나, 감동문장의 역할과 조건에 부합되는 범위 내에서 감동문장을 유연하게 조정하여 현실과 어울리도록 하거나, 미래의 어느 한 시점부터 감동문장을 실행하고 현실은 그 준비과정으로 하여 단계적으로 감동공간에 접근하거나 하면 된다.

한 기업이 감동공간을 구축한다는 말은 한 기업의 감동문장을 모든 구성원들의 감동문장이 되도록 함과 동시에 모든 구성원들에게 감동문장을 자유롭게 실행하여 위대한 창조를 실현하는 감동공간을 제공한다는 뜻이다.

감동문장과 감동공간을 한 기업에 정착시키면 그 기업은 전체최적화와 개별최적화를 통해 창조성을 발휘하고 이를 통해 위대한 기업으로 도약하게 된다.

개인의 창조성을 일깨우는 감동문장 찾기

애플의 CEO인 스티브 잡스는 애플을 창업하기 전에 다녔던 한 게임회사를 그만두고 자신의 감동문장을 찾기 위해 인도로 배낭여행을 떠났다고 한다. 자신에게 필요한 것, 자신이 갈망하고 있는 것 등 자신에 대한 존재의 의미를 찾고자 했던 것이다. 배낭여행에서 돌아온 그는 자신의 감동문장을 실현하기 위해 21세 때인 1976년, 마침내 워즈니악과 애플을 창립했다.

감동문장을 찾는 가장 좋은 방법은 앞에서 언급된 위인들의 감동문장에 대한 사례, 감동문장의 역할, 감동문장의 조건을 참고하여 본인이 직접 적어보는 것이다. 감동문장은 내적인 뜻과 뜻을 실현해 주는 외적인 목표로 구성되어야 한다.

감동문장을 직접 적기 어려운 어린이들의 경우는 부모가 자식을 지속 관찰하고 자식과 자주 대화를 하여 우선 부모가 자식을 이해하고 공감한 다음에 부모가 직접 적어서 자녀에게 읽어 주고 아이들의 동의를 받는다. 이때 부모는 자식의 지도자 역할도 해야 한다. 이후 어린이가 감동문장을 직접 적을 수 있는 시기가 되면 부모가 적어 주었던 감동문장을 어린이가 직접 적도록 한다. 처음에는 여러 가지 후보 문장이 나올 것이다. 후보 문장을 다시 발전시키고 확장해 보면서 단번에 끝내지 말고 몇 일간 또는 몇 주간, 몇 달간 심사숙고하여 자신의 감동문장이라면 자신에게 감동을 주는 문장을, 자식의 감동문장이라면 자식에게 감동을 주는 문장을 찾아낼 때까지 지속한다.

훌륭한 사진을 찍기 위해서는 작가의 의도에 맞게 주 대상과 배경이 잘 어울리게 스크린에 들어와야 하는 것처럼, 감동문장도 초점이 명확하면서도 머리에 그려지는 이미지의 폭이 적절해야 한다. 대개 처음 감동문장을 찾을 때는 감동문장의 역할과 조건에 잘 맞지 않거나, 초점이 명확하지 못하거나, 이미지가 머릿속에 명확하게 잘 그려지지 못하는 경우가 많은데, 그것은 아직까지 자신이 완전한 감동문장을 찾을 만큼 끌어당긴 것이 충분하지 못해서 그렇다. 몇 달 이상 오랜 기간 동안 심사숙고 했음에도 불구하고 완전한 감동문장을 찾지 못했다면 일단 불완전하더라도 감동문장을 확정하고 실행해 나아가면 끌어당기는 것을 가속화시켜 끌어당긴 것이 충분한 양이 되는 시점을 앞으로 당길 수 있으므로, 불완전한 감동문장을 실행해 나아가면서 유연하게 완전한 감동문장을 가능한 빨리 찾아내면 된다. 그리고 감동문장은 발전시키고 진화시켜야 한다. 감동문장을 구성하는 뜻과 목표 중에서 뜻은 거의 고정되는 것이지만 목표는 자신이 끌어당긴 것이 많아질수록 적자생존을 위해 발전 및 진화시켜야 하는 것이다.

또한 앞에서도 언급된 바와 같이 감동문장은 궁극적으로 순수함을 바탕으로 자신에 대한 존재의 의미를 추구한다.

감동문장의 역할을 다시 언급하면 다음과 같다. 이중 하나라도 맞지 않으면 완전한 감동문장이 아니다.

① 권력, 권위, 명예, 돈, 직위 같은 것보다 더 중요하고 좋은 것

② 자신의 개성으로 멋지게 실행할 수 있는 것

③ 평생 곁에 두면서 실행하고 싶고 행복감을 주는 것

④ 그것에 관해 연구, 토론, 대화하고 결과를 전파하고 싶은 것

⑤ 반드시 이룰 수 있다는 진실한 확신을 주는 것

감동문장의 조건을 다시 언급하면 다음과 같다. 이중 하나라도 맞지 않으면 완전한 감동문장이 아니다.

① 타인에게 가치가 있는 것

② 자신만의 것

③ 해당 분야에서 최고가 되도록 하는 것 (여기서 최고는 일등의 의미보다 완전함의 의미에 가깝다.)

④ 해당 분야에서 시대의 흐름을 깨뜨리는 것

⑤ 사명의식을 일깨우는 것

감동공간이란 감동문장을 실행해 나아가 위대한 창조를 실현하는 외적인 공간을 말한다. 내적인 공간을 제공하는 것은 순수함이다. 또한 감동공간은 순수함이 만들어내는 것이기도 하다.

감동공간을 구축하는 가장 좋은 방법은 어린 시절에 감동문장을 찾아내고 그 때부터 학교교육, 직업 등을 모두 감동문장에 맞게 선택해 나아가는 것이다. 이 경우에 대한 가장 좋은 사례 중의 하나는 신이 주신 목소리로 극찬을 받고 있는 세계적인 성악가 조수미 씨가 해당될 것이다. 1963년에 태어난 그녀는 음악에 조예가 깊은 어머니에 의해 어릴 때부터 뛰어난 성악적 재능을 인정받아 무용, 성악, 가야금, 피아노 등 다방면에 걸친 폭넓은 교육을 받았고, 예술중·고에 다녔고, 대학에 진학할 때 성악을 전공으로 택했다. 이어 그녀는 성악의 본고장인 이탈리아의 세계적인 성악가의 산실 산타체칠리아 음악원으로 유학을 가서 조련과정을 거치면서 세계적인 성악가로 성장했으며 현재까지도 성악가로 왕성한 활동을 펼치고 있다. 이와 같은 경우에는 부모의 역할과 지도가 중요함을 알 수 있다.

하지만, 일반적으로는 자신의 감동문장과 모든 학생들에게 일괄적으로 적용하는 학교생활이 잘 맞지 않거나, 감동문장을 처음 찾아냈을 때 자신이 처해 있는 학교나 직장 생활 등 현실이 자신의 감동문장과 일치하지 않는 경우가 대부분이다. 이와 같은 경우는 앞에서도 언급된 바와 같이 자신의 감동문장과 현실이 빚어내는 모순을 감동으로 전환시키는 것이 필요하다.

　모순을 감동으로 전환시키는 데에 있어서 우선적인 것은 형식, 공식, 간판 등에 얽매이지 않고 감동문장에 집중하는 것이다. 그리고 현실이 감동문장 실행에 도움을 주는 것으로 인식을 전환시켜 현실을 그대로 감동공간으로 전환시키거나, 감동문장의 역할과 조건에 부합되는 범위 내에서 감동문장을 유연하게 조정하여 현실과 어울리도록 하거나, 미래의 어느 한 시점부터 감동문장을 실행하고 현실은 그 준비과정으로 하여 단계적으로 감동공간에 접근하거나 하면 된다.

　레오나르도 다빈치는 사생아로 태어나 정식교육도 옳게 받은 적이 없지만 수많은 위대한 작품을 남겼다.

　서자로 태어난 허준도　광해군이 즉위하자 그는 광해군의 아버지인 선조에게 약을 잘못 처방하여 선조가 죽었다는 누명을 쓰고 2년 동안 파직당하고 귀향을 갔다가 복직하는 것을 반복했지만, 그전까지 10여 년간 집필해 오던 《동의보감》을 그 와중에 완성했다.

　베토벤은 학교생활에 취미가 없어 10살 때 학교를 그만두고 그때부터 음악에만 열중했다.

　박경리 선생은 아버지가 학비를 대주지 않아 고등학교를 중퇴했으며 6.25 한국전쟁 때 남편이 일찍 세상을 떠나 생계를 위해 직접 장사를 하는 등 많은 시련을 겪으면서도 문단에 등단하여 많은 소설을 쓰고 위대한 대하소설인 《토지》를 집필하였다.

다윈은 대학에서 의학을 전공하고 있었지만 성격에 맞지 않아 중퇴하고 어릴 때부터 관심을 가지고 있었던 동식물을 연구하여 훗날 진화론을 주장하는 종의 기원을 집필하였다.

아인슈타인은 대학을 졸업하고 생계를 위해 특허청에서 근무했지만 특허청에서 근무하면서 빛에 대해 지속적으로 연구하여 특수상대성이론을 발표했다.

애플의 CEO인 스티브 잡스는 태어나자마자 입양되어 양부모 밑에서 자랐고 돈이 부족해서 대학을 중퇴했지만 그의 감동문장을 충실히 실행하여 위대한 경영자가 되었다.

그레고르 멘델은 직업이 성직자였지만 그 유명한 멘델의 유전법칙을 찾아냈다.

이 외에도 많은 위인들은 역경과 고난 속에서, 또는 제대로 된 절차와 형식을 밟지 않고서 자신의 감동공간을 구축하여 위대한 창조를 실현했다.

성단

기업의 창조성을 일깨우는 감동문장 찾기

한 기업의 감동문장은 구성원들 각자의 감동문장이 되어야 한다. 왜냐하면 각 구성원들이 조화를 이루어 한 기업을 움직이기 때문이다. 따라서 한 기업에 대한 감동문장의 구성, 역할, 조건은 한 개인에 대한 감동문장의 구성, 역할, 조건을 구성원 모두에게로 확대한 것이 된다. 즉, 한 기업의 감동문장은 구성원 모두의 감동DNA를 활성화시키는 문장이다.

한 기업의 감동문장이 가지는 역할은 다음과 같다. 이중 하나라도 맞지 않으면 완전한 감동문장이 아니다.

① 구성원들이 권력, 권위, 명예, 돈, 직위 같은 것보다 더 중요하고 좋다고 느끼는 것

② 구성원들의 개성으로 멋지게 실행할 수 있는 것

③ 구성원들이 평생 곁에 두면서 실행하고 싶고 구성원들에게 행복감을 주는 것

④ 구성원들이 그것에 관해 연구, 토론, 대화하고 결과를 전파하고 싶은 것

⑤ 구성원들에게 반드시 이룰 수 있다는 진실한 확신을 주는 것

한 기업의 감동문장이 성립할 수 있는 조건은 다음과 같다. 이중 하나라도 맞지 않으면 역시 완전한 감동문장이 아니다.

① 고객에게 가치가 있는 것

② 한 기업만의 것

③ 한 기업이 해당 분야에서 최고가 되도록 하는 것 (여기서 최고는 일등의 의미보다 완

   전함의 의미에 가깝다.)

④ 한 기업이 해당 분야에서 시대의 흐름을 깨뜨리는 것

⑤ 한 기업의 사명의식을 일깨우는 것

일류 기업들을 살펴보면 아래와 같은 기업 특유의 감동문장을 가지고 있음을 알 수 있다.

우리나라에서 평당 최고의 매출을 올리는 총각네 야채가게 사람들은 맛있고 싱싱한 과일과 채소와 생선, 그리고 재미를 좋아한다. 구성원들이 재미있게 그것들을 판다면 우리도 재미있고 고객들도 덩달아 재미있을 것이다. 또한 우리의 생산성도 올라 갈 것이다. 우리는 매일매일 제일 맛있고 싱싱한 과일과 채소와 생선을 판매하고 최고의 즐거움을 선사하는 야채가게를 운영하여 종업원들과 함께 살맛나는 삶을 살고 고객들이 살맛이 나도록 하겠다.

대기업 경영의 본보기가 되고 있는 GE 형식, 권력, 권위, 탁상공론과 같은 허위에서 벗어나 구성원들이 자신의 실력을 자유롭게 발휘하고 자신들의 지식을 모든 사람들에게 숨김 없이 공유하는 기업이 성공하고 사회에 공헌할 수 있다. 허위에서 벗어나 소통과 결속과 실력을 바탕으로 사업의 모든 분야에서 세계 1등 아니면 2등을 하고, 사회에 공헌하는 부분에서도 세계 1등 아니면 2등을 하는 기업이 되겠다.

독창성과 예술성과 편리성을 갖추고 사람들의 니즈(Needs)를 해결해 주는 혁신적인 제품은 사람들에게 즐거움을 주고 삶의 질을 향상시킨다. 누구도 예측하지 못하는 그러한 제품을 만들어 세상 사람들을 깜짝 놀라게 하는 멋진 기업이 되겠다.

기업이 경영혁신을 위해 감동문장을 찾는 방법은 CEO가 직접 감동문장을 찾아내고 탑다운 방식으로 구성원 전체에 정착시키는 방법과 CEO를 포함한 구성원들이 끊임없는 대화와 토론을 통해 찾아내는 방법이 있다. 개인의 경우와 마찬가지로 대개 처음 감동문장을 찾을 때는 감동문장의 역할과 조건에 잘 맞지 않거나, 초점이 명확하지 못하거나, 머릿속에 그려지는 이미지의 폭이 적절하지 못한 경우가 많은데 그것은 아직까지 한 기업이 완전한 감동문장을 찾을 만큼 끌어당긴 것이 충분하지 못해서 그렇다. 몇 달 이상 오랜 기간 동안 감동문장을 찾았음에도 불구하고 완전한 감동문장을 찾지 못했다면 일단 불완전하더라도 감동문장을 확정하고 실행해 나가면 끌어당김을 가속화시켜 끌어당긴 것이 충분한 양이 되는 시점을 앞으로 당길 수 있으므로 불완전한 감동문장을 실행해 나가면서 유연하게 완전한 감동문장을 가능한 빨리 찾아내면 된다.

창업을 할 경우는 창업 전에 충분한 연구를 통해 완전한 감동문장을 찾은 다음 창업하는 것을 기본으로 해야 한다. 그렇게 하는 것이 불가능하다면 창업할 때 투자를 최소화한 후 실전을 바탕으로 충분히 연구하여 완전한 감동문장을 찾은 다음에 투자를 단계적으로 확대해야 한다.

　기존 기업이 경영혁신을 위해 감동문장을 찾거나 감동문장이 없는 상태에서 막 창업한 경우는 감동문장을 빨리 찾으면 찾을수록 감동문장의 부재로 인한 방향성 상실로 입는 경영손실을 그만큼 줄일 수 있다. 또한 개인의 감동문장과 마찬가지로 한 기업의 감동문장은 발전시키고 진화시켜야 한다.

　감동문장을 구성하는 뜻과 목표 중에서 뜻은 핵심으로서 거의 고정되는 것이지만, 목표는 기업이 끌어당긴 것이 많아질수록 적자생존을 위해 발전시키고 진화시켜야 하는 것이다. 그리고 한 기업의 감동문장은 한 기업의 관점과 구성원들 각자의 관점에서 궁극적으로 순수함을 바탕으로 존재의 의미를 추구하는 것이다.

기업의 감동공간 구축과 지속가능한 활용

　한 기업이 감동공간을 구축한다는 말은 한 기업의 감동문장을 모든 구성원들의 감동문장이 되도록 함과 동시에 모든 구성원들에게 감동문장을 자유롭게 실행하여 위대한 창조를 실현하는 감동공간을 제공한다는 뜻이다. 감동공간을 구축하는 방법은 다음과 같으며, 이 가운데 하나라도 없다면 한 기업의 감동공간은 없는 것이다.

① 한 기업의 감동문장을 자신의 감동문장으로 만들 수 있는 사람만 채용한다.

② 한 기업의 감동문장을 새로 채용한 구성원들과 기존 구성원들에게 교육하고 전파하여 모든 구성원들의 감동문장으로 정착시킨다. 물론 구성원들이 모두 참여하여 감동문장을 찾아냈다면 별개의 문제이다.

③ 한 기업의 감동문장을 자신의 감동문장으로 만들 수 없는 기존 구성원들은 내보낸다.

④ 구성원들에게 감동문장을 마음껏 실행할 수 있도록 규율의 범위 내에서 자유를 준다.

규율의 범위란 감동문장을 실현하도록 하는 활동의 범위를 말한다. 한 기업의 감동공간이 구축되면 다음과 같은 기업이 되며, 이는 감동DNA의 다섯 가지 요소와 관계된다. 만약 다음과 같은 기업이 탄생하지 않으면 감동문장을 다시 점검하고 감동공간 구축에 문제가 없는지 점검해야 한다.

① 순수한 조직문화.

② 구성원들의 개성이 기업의 개성과 어울리고 멋지게 발휘된다.

③ 구성원들이 기업이 사랑하는 것을 마음껏 사랑한다.

④ 연구·토론·대화·전파하는 조직문화.

⑤ 구성원들이 반드시 이룰 수 있다는 진실한 확신을 갖는다.

조직문화는 리더십, 관리기술, 구성원, 제도, 조직구조, 전략, 강점, 공유가치로 구성되어 있다. 순수한 조직문화란 권력, 권위, 직위, 직책, 소속, 명예, 직군, 돈, 형식 등에 구속되지 않는 조직문화를 말한다. 순수한 조직문화를 갖춘 기업에는 기업이 구성원들에게 주는 자유와 구성원들이 스스로 내외적으로 누리는 자유가 공존한다.

기업의 개성은 개인의 개성과 동일하게 강점을 가지고 있다. 강점이 없는 기업의 개성은 있을 수 없으며, 강점이 없는 기업은 허물어져 존재할 수 없게 된다. 한 기업이 개성을 가지고 있다는 것은 타 기업과 비교해서 차별성과 독창성을 가지고 있다는 것을 의미함과 동시에 타 기업과의 치열한 경쟁을 초월하여 자유를 누리고 있음을 의미한다.

현재까지 밝혀진 세계 7대 불가사의 중의 하나인 기자 피라미드의 비밀을 '감동공간 구축하기'로 재해석해 보자.

기자 피라미드는 약 4,500년전 이집트 쿠퍼왕 시대에 건립되었다. 높이는 146.7미터, 면적은 축구장 6배(5만2천m²)이고, 230만개 이상의 석회석 블록(하나당 약 2.5ton)으로 구성되었으며, 엠파이어스테이트 빌딩을 6개 지을 수 있는 규모이다. 상시 직접인원은 총 2,200명으로 채석 작업에 1,200명, 석재 운반에 700명, 석재를 쌓는데 300명이 투입되었고, 상시 지원인력으로 약 2만5천명이 근무하였다. 도구로는 구리와 청동으로 만든 끌, 석재 망치와 나무 완력이 사용되었다. 주재료인 석회석은 기자 피라미드 바로 옆 1Km이내에서 채석했고, 묘실주변에 사용된 화강암은 900Km가 떨어진 아스완이라는 곳에서 채석했다. 묘실은 도굴방지를 위해 보다 강도가 높은 화강암으로 봉쇄했는데 화강암 채석에는 화강암보다 강한 감람석으로 된 망치만 사용 가능했기 때문에 보다 큰 인내심과 희생이 필요했다. 수학과 정밀공학이 적용되었으며, 20년간 작업되어 완공되었다. 기자 피라미드는 오랜 세월 풍화작용으로 상단부만 약간 파손되고 그 형체가 변함이 없이 4,500년간 유지되어 왔다.

먼저 기업의 감동문장을 찾고 기업의 감동문장을 자신의 감동문장으로 받아들일 수 있는 사람들을 채용하고 감동문장을 구성원들 전체에 전파 및 정착시키는 부분은 다음과 같다.

쿠퍼왕조는 시민들과의 원활한 정보교환이 가능하도록 관료체계를 조직화하고 세분화시켜 나일강 주변의 다양한 지식과 배경을 가진 사람들을 모집하고 건설현장에 필요한 자원을 적기에 공급했다. 작업자들은 노예가 아닌 일반시민들로 구성되었다. 일반시민들은 조세의 의무 대신에 건설현장에서 근무할 수 있었고, 조세를 내지 않는 사람은 건설현장으로 징집되었다.

쿠퍼왕과 백성들은 쿠퍼왕이 죽으면 쿠퍼왕의 영혼이 피라미드를 통해 하늘로 올라가서 영원히 죽지 않는 신으로 부활하여 나라와 백성들을 영원히 지켜준다고 믿었다. 만약 기자 피라미드가 완공되기 전에 쿠퍼왕이 죽으면 쿠퍼왕은 영생을 얻지 못하고, 백성들은 나라를 빼앗기고 모두 죽을 것이라고 믿었다. 백성들은 단순히 왕을 위한 무덤을 만든 것이 아니었다. 자신들이 보호받기 위해선 목숨을 걸고 쿠퍼왕이 죽기 전에 피라미드를 완공해야 한다고 믿었다. 피라미드 건설에 참여했던 시민들은 자신들이 나라와 백성들을 위해 봉사하는 존재라고 생각했던 것이다. 이제까지 건립된 어떤 피라미드 보다 규모가 크고, 영원히 무너지지 않게 건립하는 것이 그들의 목표였고, 이 목표는 쿠퍼왕의 웅대한 상상력에서 나왔다고 전해진다.

다음으로 구성원들에게 감동문장을 마음껏 실행할 수 있도록 규율의 범위 내에서 자유를 주는 부분은 다음과 같다.

건설현장에서 작업자들은 서로가 대화하고 토론하면서 최선의 방법을 연구하여 건설 단계별로 최고의 방법을 찾아냈다. 부상을 입은 사람들은 왕의 의료진으로부터 치료를 받는 최상의 의료혜택을 받았고, 건설현장 옆에 위치한 주거마을에서 적절한 음식과 잠자리를 제공 받았다. 꽉 짜여진 조직체계로 운영된 건설현장에서는 세금징수원, 서기, 회계사에 의해 인력의 입출입과 급료지급 대장이 관리되었다. 피라미드를 쌓는 곳에서 바로 사용 가능하도록 모양을 갖춰 채석(採石)이 이뤄졌고, 채석된 블록에 출처, 목적지, 수송날짜, 작업 담당팀을 표기하는 등 눈으로 보는 관리가 이뤄졌다. 작업자들을 약 200명이 한 팀으로 구성된 10개의 팀으로 나눠 서로의 수준을 확인하고 상호 벤치마킹할 수 있도록 하여 최고의 생산성을 올릴 수 있도록 했다. 단순한 도구로 힘들게 일하였음에도 좌절하지 않고 협동을 바탕으로 꾸준히 작업에 매진했다.

결론적으로 쿠퍼왕의 피라미드 건설은 정부 관료 체계의 발전과 단결된 국가를 이룰 수 있도록 했고, 이 영향으로 이후 3,000년간 살아남은 강력한 국가가 될 수 있었던 것이다.

뜻과 목표로 구성된 감동문장을 찾고 감동문장과 감동공간을 기업전체에 정착시켜 감동DNA 경영을 실현하는 CEO를 '감동형 CEO'라고 정의한다. 감동문장과 감동공간을 한 기업에 정착시키면 그 기업은 전체최적화와 개별최적화를 통해 창조성을 발휘하고 이를 통해 위대한 기업으로 도약하게 된다. 창업기업과 기존기업이 최적화를 통해 위대한 기업으로 도약하는 과정과 최적화를 이루었을 때 창조성과 그 사례들을 세부적으로 살펴보자.

감동형 CEO가 창업을 선택할 때는 창업을 통해 순수한 마음으로 자신에 대한 존재의 의미를 추구하겠다는 것이다. 감동형 CEO는 감동적인 음악을 연주하는 자신의 내면세계와 우주를 동기화시켜 독창적이고 감동적인 음악을 연주하는 악단과 같은 위대한 기업을 만들어 간다. 그래서 감동형 CEO가 만드는 창업을 위대한 창업이라고 하는 것이다.

감동형 CEO가 위대한 창업을 실현해 가는 과정은 독창적이고 감동적인 음악을 연주하는 악단을 만들어가는 과정과 유사하며, 크게 전체최적화와 개별최적화로 나누어진다.

전체최적화는 감동적인 음악을 연주하는 악단을 구축하기 위해서는 먼저 어떤 목적과 구조를 갖는 악단을 구축할 것인지 결정해야 하는 것처럼 전략적인 선택의 관점에서 뜻과 목표에 맞게 독창적이고 고객지향적인 기업시스템을 구축하는 것이다. 개별최적화는 악단이 감동적인 음악을 연주하기 위해서는

감동형이 위대한 창업을 실현하는 과정 : 독창적이고 감동적인 음악을 연주하는
악단을 구축해 가는 과정과 같음

● 전체최적화 : 뜻과 목표에 맞는 독창적이고 고객 지향적인 시스템을 구축
(전략적 선택과 자원의 결집을 통한 강점 구축 →
경쟁에 구축되지 않고 경쟁을 초월하여 자유를 누리는 것)

- 대상고객이 원하는 음악은?
- 관현악단, 관악단, 현악단, 국악단, 록 음악단, 현대 음악단, 국악과 현대음악
통합악단 등 많은 구성형태 중 어떤 구성을 선택할 것인가?
- 악기의 구성은 어떻게 할 것인가?
- 연주자는 몇 명으로 구성하고 지휘는 누가 할 것인가? 그들의 실력은 각자
어느 정도여야 하고 악단의 뜻에 맞게 음악을 사랑하는 순수한 사람들인가?
- 악단 또는 합창단의 이름(브랜드)와 홍보 전략은?
- 연주자와 지휘자는 관련 지식, 기술, 정보를 어떻게 해서 필요시 즉시 확보할
수 있도록 할 것인가?
- 운영자금은 어떻게 해서 적기에 확보할 것인가?
- 연주회를 개최하기 위해 필요한 무대 예약과 티켓 판매 등 관련 활동은
직접할 것인가? 아니면 협력자에게 비용을 주고 위탁할 것인가?
- 악단 운영을 위한 정책과 제도는 어떤 내용으로 할 것인가?
- 뜻과 목표에 맞게 악단이 구축되고 있는가? 등

● 개별최적화 : 각자 주어진 역할을 감동적으로 수행하여 시스템이 감동적으로
가동되도록 함 (구성원 각자가 무한한 힘을 자유롭고 바르게
발휘하여 강점을 감동적으로 실행하는 실력 사회 구축)

- 모든 연주자는 악단의 뜻과 목표와 강점을 완벽히 이해하고 악단의 뜻과
목표와 강점과 어울리게 실행하고 있는가?
- 모든 악기가 바른 음을 내고 있고 모든 연주자들은 혼을 불어 넣는 열정을
발휘하면서 조화롭게 연주하고 있는가?
- 각자 자신의 역할에 맞는 독창적인 실력을 가지고 있고 그 실력을 열정적으로
향상 시키고 있는가?
- 각자 열정적으로 창의력을 발휘하고 있는가? 등

● 순수함으로 기업에 대한 존재의 의미를 추구 ➡ 고객을 위한 유일한 위치를 구축하고
무한한 힘을 자유롭고 바르게 발휘하여 고객에게 감동적인 가치를 제공함

연주자들이 모두 조화롭게 열정적으로 연주해야 하는 것처럼 전략적인 선택을 실행하는 관점에서 각자 주어진 역할을 감동적으로 수행하여 시스템이 감동적으로 가동되도록 하는 것이다.

　전체최적화는 기업이 강점 구축을 통해 경쟁에 구속되지 않고 경쟁을 초월하여 자유를 누리는 것, 즉 기업의 자유에 해당한다. 개별최적화는 강점을 감동적으로 실행하기 위해 회사가 구성원들에게 자유를 주고, 구성원들 각자는 회사가 자유를 주는 만큼 허위에 대한 집착에서 벗어나 자유롭게 무한한 힘을 바르게 발휘하는 것이다. 여기서 세 가지의 자유 즉 기업의 자유, 회사가 구성원들에게 주는 자유, 구성원들 각자가 집착에서 벗어나 스스로 누리는 자유 모두를 실현시켜야 함을 유념해야 한다.

　전체최적화와 개별최적화 가운데 하나를 진행시킬 때 가능한 다른 하나는 자동적으로 동시에 진행되도록 해야 한다. 전체 및 개별최적화가 구현되는 기업에 가서 회사 전체를 둘러보거나 구성원들이 활동하는 것을 보면 마치 감동적인 음악을 듣는 것과 같이 가슴에는 잔잔한 감동의 물결로 가득 참을 느낄 수 있을 것이다.

　감동형의 강점이 재능을 축으로 하여 모든 자원이 결집되어 이루어지듯이, 기업의 강점은 기업전략을 축으로 하여 지식·기술·자금·브랜드 등 모든 자원이 결집되어 형성된 독창적이고 고객지향적인 기업시스템을 말한다. 사람의 강점은 태어날 때 가지고 있는 것과 태어날 때부터 어린시절까지 끌어당긴 것들로 거의 구성되는 재능을 중심으로 자원들이 결집되어 형성되지만 기업의 강점은 CEO를 포함하는 구성원들이 창조하는 것이다. 기업의 강점은 창업을 이끄는 감동형 CEO 자신과 창업멤버들, 그리고 이후 기업이 발전해 가면서 채용되는 직원들의 강점으로 만들어 나가는 것이다. 사람들이 각자 서로 다른 유일한 강점을 가짐으로서 존재의 의미를 부여받는 것처럼 하나의 기업도 다른 기업이 가질 수 없는 그 기업만의 유일한 강점을 가져야 존재의 의미가 성립되고 기업이 지속성을 확보할 수 있다. 따라서 독창성이 없으면 기업의 강점이라고 말할 수 없는 것이다.

강점의 핵심인 기업전략은 고객에게 감동적인 가치를 제공하는 유일한 위치를 구축하기 위해 전략적인 선택을 하는 것이다. 예를 들어 우체국은 우편, 배송, 보험, 예금, 대출 등 다양한 서비스 활동을 하는 반면 DHL은 배송 부분에만 활동을 한다. 배송 부분만 보았을 때도 우체국이 하는 활동과 DHL이 하는 활동은 다르다. 우체국이 관현악단과 국악단을 통합한 통합악단이라면 DHL은 관악단인 셈이다. 그 이유는 DHL은 고객이 원한다면 지구상의 어느 곳이라도 즉시 배달하여 고객감동을 실현한다는 뜻을 가지고 있고, 이에 반해 우체국은 고객이 우편 발송하러 와서 신용도가 높은 기관에서 예금, 보험, 대출 관련 일을 한꺼번에 편리하게 할 수 있도록 하여 고객감동을 실현한다는 뜻을 가지고 있기 때문이다.

여기서 전략적 선택이란 우체국과 DHL의 경우처럼 한 기업이 취할 수 있는 다양한 활동 중에서 어느 특정 활동들만 선택하고 나머지는 포기하여 행하지 않는다는 것을 의미한다. 그리고 선택한 특정 활동들은 상호보완적이고 각각의 활동은 개별로 최적화되며, 선택한 특정 활동들간에 신속하고 정확한 커뮤니케이션이 이루어지며, 선택한 특정 활동 전체가 고객에게 감동적인 가치를 제공하는 유일한 위치를 취하면서 세계 최고의 효율성과 효과성을 확보할 수 있는 조건을 갖춘다는 의미다. 전략의 핵심 중 하나는 기업내부 전체의 소통과 기업과 고객 간의 소통이 이루어질 수 있도록 하는 점이다. 그리고 전략은 끊임없이 이윤을 추구할 수 있다는 의미도 내포한다.

감동형 CEO가 창업한 기업에 대해 전체와 개별을 최적화시켜 나아가는 방법은 기업전체가 순수함을 바탕으로 존재의 의미를 추구함으로써 바르고 자유롭게 힘을 무한히 발휘하여 고객을 위한 감동적인 가치를 창출하도록 하는 것이다. 이를 통해 감동형 CEO는 자신의 내면세계와 자신이 창업한 기업의 내면세계가 동기화되어 동일한 형태를 가지도록 하게 된다.

감동형 CEO는 구성원 전체가 순수한 생각으로 무장되도록 하고 자신의 뜻과 목표를 구성원 전체가 동일하게 가지도록 한 다음 강점을 구축해 간다. 이는 구성원 각자가 조직의 감동문장과 자신의 감동문장을 동일하게 하여 순수함을 바탕으로 자신에 대한 존재의 의미를 실현해 가도록 하며, 이를 통해 자유롭고 바르게 무한한 힘을 발휘하는 감동형 인간이 되도록 한다는 말이다. 구성원들 각자의 강점이 조화를 이뤄 조직의 강점으로 승화 및 발전되기 위해서는 구성원들이 순수함을 바탕으로 같은 뜻과 목표를 가지고 완전히 결속되어야 한다. 구성원 중 일부라도 순수성이 결여된다면 조직은 쉽게 오염되므로 결속력이 약해져 자유롭게 무한한 힘을 발휘할 수 있는 기초를 상실하게 된다.

여기서 순수성이 결여된다는 말은 경쟁형, 호전형, 현실안주형, 패배주의형과 같은 집착형 인간이 된다는 말이다. 집착형 구성원은 경쟁과 다툼을 조장

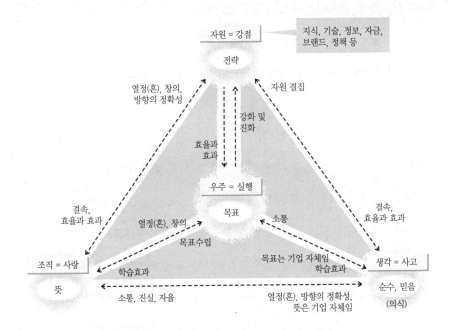

감동적인 음악을 연주하는 기업의 내부세계(감동형 CEO가 창조)와 우주의 동기화

하여 조직을 분열시키거나 일을 적당히 대충하거나 남에게 일을 떠맡기는 분위기를 유발시키거나 사실을 은폐 또는 왜곡시키거나 하여 조직의 발전을 가로막는다. 반면, 순수한 조직에서는 진실이 왜곡되지 않고, 구성원들이 조화롭게 어울리고 뭉친다.

조직은 뜻이 같지 않으면 겉으로는 같은 방향으로 나아가는 것처럼 보일지라도 구성원들의 마음은 다른 방향으로 움직여 보이지 않는 갈등이 생기므로 효율적이고 효과적인 조직이 될 수 없다. 조직은 같은 뜻으로 뭉쳐 형성되는 것이기에, 여기서 "조직의 핵심은 뜻을 같이 하는 데 있다"는 말이 나온다. 그리고 구성원들이 머릿속에 그리고 있는 목표도 같아야만 현실세계에서 같은 방향으로 나아가 조직의 뜻을 실현할 수 있다. 따라서 구성원들이 같은 뜻과 목표를 가질 수 있도록 뜻과 목표를 시각화해서 공유할 필요가 있다. 구성원 각자의 독창적인 강점이 상호보완적으로 최적화되어 조화를 이루지 못하면 조직의 강점은 구성원수 만큼 강화되지 못하거나 오히려 퇴보된다는 사실에 주의해야 한다.

감동형 기업을 만들기 위해서는 창업 초기부터 끊임없이 폭 넓고 깊이 있고 정확한 정보 입수활동을 통해 선택의 폭을 넓히고 충분히 검토하여 강점 형성에 오류가 없도록 해야 한다. 또한 궁극적인 목표는 강점과 일치되게 하면서 원대하고 위험한 수준으로 잡고, 이 궁극적인 목표를 향해 가는 중간 단계의 목표는 강점의 수준, 즉 전략의 완성도와 자금력, 기술과 지식, 브랜드 파워 등의 수준에 맞춰 발전시키고 진화시켜 가면서 강점도 강화 및 진화시켜 나가야 한다. 목표를 실행해 가는 과정에서 얻는 지식, 기술, 정보 등을 이용

가속·도약 컨셉 : 순수함으로 기업에 대한 존재의 의미를 실현해 나아감
      → 바르고 자유롭게 힘을 무한히 발휘하여 원대하고 위험한 목표를 달성하고
      뜻을 실현함

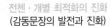

전첸·개별 최적화의 진화
(감동문장의 발전과 진화)

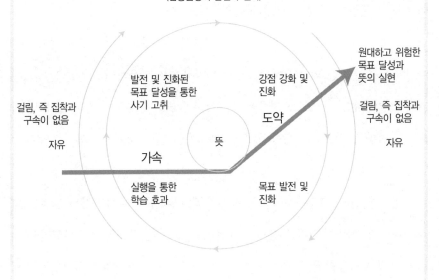

해 강점을 강화 및 진화시키고, 강점이 강화 및 진화되는 만큼 목표도 발전시키고 진화시켜 달성해야 한다는 말이다. 즉 강점과 목표는 서로가 서로를 발전시켜야 한다는 것이다. 순수함에서 나오는 자유, 강점의 강화 및 진화, 목표의 발전과 진화는 전체 · 개별최적화의 진화를 이끈다.

가속 · 도약 컨셉에서 알 수 있듯이 개인의 경우와 마찬가지로 기업의 뜻은 바퀴에서 축과 같은 역할을 하므로 뜻을 저버리거나 상실하면 기업은 축이 없는 바퀴와 같아서 힘을 바르고 자유롭게 무한히 발휘하지 못해 급격히 몰락하거나 도약을 통해 원대하고 위험한 목표 달성과 뜻을 실현하는 단계까지 도달할 수 없음을 주지해야 한다.

이렇게 됨으로써 순수함으로 존재의 의미를 추구해 나아가는 감동형 조직문화가 형성되고 위대한 창업이 실현되는 것이다. 감동형 조직문화가 형성된다는 것은 감동공간이 구축되었다는 의미이다. 공유가치와 핵심가치는 기업의 뜻을 바탕으로 형성된다. 순수함으로 기업에 대한 존재의 의미를 추구해 나아가는 감동형 조직문화란 구성원들이 기업의 뜻과 목표와 강점에 맞게 열정적으로 자신의 역할을 바르게 수행하는 규율의 문화를 말한다. 이 규율의 문화는 조직, 계층, 부서, 직군, 직위, 직책 간의 벽과 협력업체와의 벽을 허물게 함으로써 전범위에 걸쳐 소통과 결속이 이루어지도록 하여 강점을 구축, 강화, 진화시키도록 하며, 권력과 권위에 의한 통제를 없애는 대신 규율 내에서 진실, 자율, 창의, 열정으로 강점을 감동적으로 실행하는 실력사회를 형성시켜 준다. 막 창업한 기업이 위대한 기업으로 도약하고 지속적으로 위대한 기업으로 머물기 위해서는 감동공간 구축을 통한 감동형 조직문화 형성에 집중해야

모순에 빠진 창업 : 전체와 개별 중에 하나만 불완전하게 최적화되어 실패하거나
그저 그런 상태에 머무르는 창업

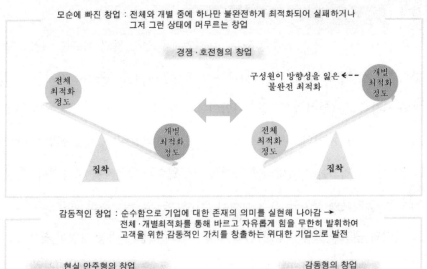

경쟁·호전형의 창업

구성원이 방향성을 잃은 ←-- 불완전 최적화

전체
최적화
정도

개별
최적화
정도

집착

개별
최적화
성도

전체
최적화
정도

집착

감동적인 창업 : 순수함으로 기업에 대한 존재의 의미를 실현해 나아감 →
전체·개별최적화를 통해 바르고 자유롭게 힘을 무한히 발휘하여
고객을 위한 감동적인 가치를 창출하는 위대한 기업으로 발전

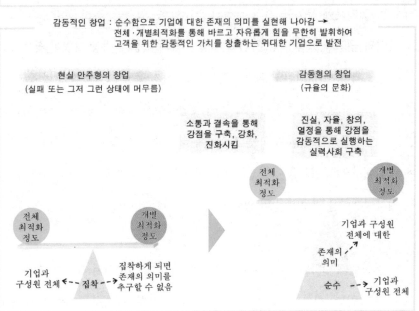

현실 안주형의 창업
(실패 또는 그저 그런 상태에 머무름)

감동형의 창업
(규율의 문화)

소통과 결속을 통해
강점을 구축, 강화,
진화시킴

진실, 자율, 창의,
열정을 통해 강점을
감동적으로 실행하는
실력사회 구축

전체
최적화
정도

개별
최적화
정도

전체
최적화
정도

개별
최적화
정도

기업과
구성원 전체 ←-- 집착 --→

집착하게 되면
존재의 의미를
추구할 수 없음

기업과 구성원
전체에 대한

존재의
의미

순수 --→ 기업과
구성원 전체

한다.

　잘 나가는 기업을 모방할 경우 그 기업과 동일한 뜻과 목표를 가졌다고 하더라도 실패할 수밖에 없는 이유는 무엇일까? 마케팅이론으로 철저히 경쟁자와 시장을 분석하여 모방 대상 기업의 강점은 비교적 쉽게 파악해 거의 흉내 낼 수도 있지만 기업의 문화는 모방이 불가능하기 때문이다. 예를 들면 모방으로 창업하여 기업을 시작하면 초기에는 구성원수가 창업자를 포함해서 몇 명 되지 않기 때문에 문화를 거의 완전히 모방할 수 있지만, 확보 고객수와 매출 등 기업의 규모가 모방 대상 기업보다 훨씬 작기 때문에 대상 기업이 확보하고 있는 규모의 경제에 의한 가격경쟁력을 따라 잡지 못해 고객을 확보할 수가 없다. 그리고, 규모의 경제를 키우기 위해 종업원수를 늘리면 종업원수를 늘리는 만큼 종업원들이 동일한 문화를 가지도록 하는 데 그만큼 시간이 걸려 그 사이에 기업내부의 불협화음으로 인한 비효율성으로 모방 대상 기업에 견줄 수 있는 원가경쟁력을 확보할 수가 없어 실패하고 마는 것이다.

　감동형 CEO가 전체와 개별 최적화를 동시에 실현시켜 창업을 성공적으로 이끄는 반면, 집착형 CEO는 전체와 개별 최적화 중 하나는 방치시켜 놓고 하나만 불완전하게 실현시키거나 둘 다 대충 진행시켜 실패한 창업 또는 그저 그런 창업을 이끌어 낸다. 왜냐하면 집착형 CEO는 돈 버는 일이나 경쟁에서의 승리에 집중한 나머지 돈, 권력, 권위 등에 집착하는 순수함이 결여된 조직을 만들어 내기 때문이다. 그 결과 경쟁자를 모방하는데 치중하여 전체최적화를 소홀히 하거나 전체최적화에만 집중하는 바람에 구성원을 권력과 권위로 일방적으로 부려먹는 식으로 대하여 구성원의 불만을 초래함으로써 개별최적화가 실현되지 못하거나 한다. 그리고 기업경영의 본 뜻을 소홀히 하다 보니 기업이 나아갈 방향성이 잘못되어 강점이 구축되지 못해 전체최적화가 진행되지 못함과 동시에 구성원들이 기업경영의 본뜻을 이해하지 못해 조직이 분산되어 개별최적화가 진행되지 못하기도 한다. 어떤 경우는 전체·개별 최적화를 대충 진행시켜 놓고 안주해버려 전체·개별 최적화 모두 진행되지 못하기도 한다. 결과적으로 집착형 CEO는 자신의 내면세계가 연주하는 불협화음이 우주와 동기화되어 현상세계에서 창업이 불협화음으로 끝을 맺게 된다는 말이다.

창업 후 오랜 기간동안 창업자의 뜻과 목표를 계승하면서 조금씩 발전해 오늘날 위대한 기업으로 도약한 기업들이 많다. 그중에서 전체최적화 뿐만 아니라 개별최적화가 이뤄져 종업원들이 감동적으로 활동하는 것을 가장 쉽게 접할 수 있는 기업들 중 하나가 바로 리츠칼튼호텔이다.

이 호텔의 창립자인 세자르 리츠는 논리적이고 직관적이었으며, 빨리 판단하고 결단력이 있었고 열정적이어서 언제나 몸이 지칠 때까지 일하였다고 한다. 그는 1850년 스위스의 작은 산간 마을인 니더벌드(Niederwald)에서 양치기의 13번째 아이로 태어났다. 그의 아버지는 13번째 아이였던 그를 기를 능력이 없어 일찍 일터로 내보냈다. 그래서 그는 마을 레스토랑 종업원으로 시작해서 프랑스 호텔을 비롯한 유럽의 호텔을 전전했다. 그는 귀족, 부자 등의 유명인사들을 상대로 서빙하면서 그들 각자가 좋아하고 싫어하는 것과 습관, 자만심 등을 잘 파악해 두었다가 그들에게 다시 서빙할 수 있는 기회가 오면 각기 취향에 맞는 음식을 개발하여 대접하는 등 맞춤형 친절 서비스를 베풀었다. 그 결과 그는 자연스럽게 유명인사들과 좋은 관계를 유지할 수 있게 되었다.

리츠는 27세 때에 스위스에서 가장 크고 호화스러운 그랜드 호텔(Grand Hotel)을 맡아달라는 제안을 받아들여 그 호텔의 지배인이 되었고 호텔을 운영하면서 유명인사들을 위해 호텔을 더욱 호화롭게 꾸미고 맛있는 음식을 개발하는데 집중했다. 그는 그간의 경험을 바탕으로 1898년, 고객은 황제와 같은 대우를 받아야 한다는 뜻과 더불어 최고의 명사가 환상이라고 여길 수준의 호텔을 만드는 것을 목표로 프랑스 파리에 리츠호텔을 개관했다. 왕족과 유명 인사들이 애용할 수 있도록 전체적인 분위기가 호사스러웠던 리츠호텔은 그 후 세계적인 호텔 체인으로 성장하게 된다. 이 과정에서 미국인 앨버트 켈러가 리츠 이름 사용권을 획득하여 1927년 미국 보스턴에 설립한 호텔이 리츠칼튼 호텔이다. 이 호텔을 1983년에 윌리엄 존슨이, 1998년에 매리어트(Marriot)가 인수했다.

1983년에 호스터 슐츠가 리츠칼튼호텔의 사장으로 취임하게 되는데, 호스터 슐츠는 그의 개인철학과 세자르 리츠의 정신을 바탕으로 리츠칼튼호텔을 위대한 기업으로 도약시킨다. 그가 설정한 리츠칼튼호텔의 뜻은 고객에게 부모와 같이 따뜻한 사랑을 베풀고, 충성스러운 비서 같이 고객을 섬기고, 절친한 친구처럼 고객에게 친근감을 선사하는 것 이라고 볼 수 있다.

그 뜻을 실현하기 위한 목표는 호화스러움의 절대표준과 탁월한 서비스의 대명사로 인정받는 호텔이다. 매출액과 기업의 이익부분은 부차적인 목표였다.

이 뜻과 목표를 바탕으로 경영진은 사훈과 서비스의 3단계를 만들고 리츠칼튼인의 신조, 리츠칼튼인의 기본수칙, 직원에 대한 약속을 제정하였으며 이 다섯 가지를 '황금표준' 이라고 칭하고 전세계 모든 리츠칼튼호텔 지점에서 준수하도록 하고 있다. 리츠칼튼호텔의 사훈, 서비스의 3단계, 리츠칼튼인의 신조, 직원에 대한 약속은 다음과 같다.

◇ 사훈
우리는 신사 · 숙녀에게 봉사하는 신사 · 숙녀이다.

-1단계: 따뜻하고 진실한 마음으로 고객을 맞이하며 가능하면 고객의 이름을
사용한다.

-2단계: 고객이 원하는 바를 미리 예측하고 봉사한다.

-3단계: 따뜻한 작별인사로 고객에게 감사를 드리며, 가능하면 고객의 이름
을 사용한다.

① 리츠칼튼 호텔은 고객의 편안함과 고객에 대한 정성어린 배려를 위하여 최
선을 다하는 것을 가장 중요한 임무로 삼는 곳이다.

② 우리는 고객이 친절하고 품위 있는 분위기를 느낄 수 있도록 최선의 서비
스와 시설을 제공할 것을 맹세한다.

③ 리츠칼튼 호텔에서 우리 고객이 새로운 느낌과 만족감을 경험할 수 있도록
하며 고객이 표현하지 않은 기대와 요구까지도 충족시킨다.

① 리츠칼튼에서는 우리 신사 · 숙녀들이 고객 서비스에서 가장 중요한 자원
이다.

② 신뢰와 정직, 존중, 성실, 약속을 바탕으로 우리는 개인과 회사의 이익을
위해 각자의 재능을 발전시키고 극대화시킬 것이다.

③ 리츠칼튼은 다양함이 존중 받고 삶의 질이 향상되며 개인의 포부를 이루고
리츠칼튼의 신비함이 강화되는 근무환경을 만들 것이다.

리츠칼튼 호텔의 사훈은 경영진이 종업원들을 존중하며, 종업원들은 스
스로 신사 · 숙녀다운 마음가짐과 행동으로 고객에게 봉사한다는 것을 의미하
고 있다. 또한 회사가 종업원을 대하는 만큼 종업원도 고객을 대하므로 회사가

철저하게 종업원을 존중한다는 뜻도 된다. 눈여겨볼 것은 일반기업과는 달리 종업원들이 이 황금표준을 담은 3단 접이 포켓카드를 달고 다니며 늘 되새기고 고객에게도 보여준다는 것이다. 리츠칼튼 호텔의 강점은 고객만족을 위한 전사적 품질경영(TQM, Total Quality Management)을 현장에 적용하고 경험을 통해 문제점을 발견 및 개선하여 끊임없이 발전시킨다는 점이다. 종업원들의 개선사례들은 중요도에 따라 보상하고 타 지점의 종업원들을 포함한 모든 종업원들에게 공유한다. 개선사례 중에서 표준화가 필요한 것은 표준화하여 모든 지점에 전파하고 구성원들이 따르도록 한다.

다음은 새너제이주립대 박태호 경영학 교수가 샌프란시스코 리츠칼튼호텔에 방문 및 취재하여 98년 5월 11일 매일경제에 기고한 글 중에서 관련 부분만 발췌한 내용으로 리츠칼튼호텔의 품질경영의 면모를 그대로 보여준다.

"필리핀 출신인 아주엘라씨가 샌프란시스코 리츠칼튼 호텔의 청소부로 일하기 시작한 것은 이 호텔이 영업을 개시한 91년 4월부터였다. 그녀는 입사 후 리츠칼튼으로부터 총괄품질경영에 관한 교육을 받았다. 주된 내용은 최고의 품질(호텔서비스)을 고객들에게 제공하기 위한 일련의 전사적 노력에 관한 것이다.

청소 도구와 비품을 담은 그녀의 카트에는 작은 메모수첩이 하나 걸려 있다. 수첩 안에는 그녀가 서비스해 왔던 객실 고객들에 대한 특성과 습관 등이 일목요연하게 정리돼 있었다. 이를 통해 그녀는 두 번째 오는 고객에 대해서는 그들이 원하는 맞춤형 객실서비스를 제공하고 있는 것이다. 예컨대 수건을 많이 필요로 하는 고객이나 객실 비치품의 위치를 달리해 주길 원하는 고객, 그리고 월스트리트 신문 외에 유에스투데이를 원하는 고객 등, 고객마다 취향과 습관에 서비스를 맞추는 것이다.

그녀가 고객들의 이름까지 외우는 이유도 바로 여기에 있다. 복도에서 만나는 투숙객에게 그의 이름과 함께 인사를 건네면 흠칫 놀라면서도 기분 좋은 인상을 갖는다는 게 그녀의 얘기다. 그밖에 그녀는 청소작업의 생산성 향상을 위해 베드메이킹(침대보 정리)의 방법이라든가 욕실 청소의 작업방법도 개선했다. 예컨대 객실청소 중 가장 손이 많이 가는 작업은 베드메이킹. 대개 침대보를 깔기 위해서는 적어도 대여섯 번 침대 주위를 오가야 하는 수고를 하게 된다. 리츠칼튼호텔은 베드메이킹 작업의 과학적인 동작연구와 시험을 통해 2인1조의 청소작업이 가장 효율적이라는 결론을 내렸다.

하지만 그녀는 한발 더 나아갔다. 세탁된 침대보를 아예 침대사이즈에 맞춰 침대보를 까는 순서의 역순으로 접어둘 경우 작업속도를 더 높일 수 있음을 알아냈다. 그리고 이를 실천에 옮김으로써 더욱 손쉽게 침대보를 깨끗하게 정리할 수 있게 됐다. 이렇게 함으로써 2인1조의 객실청소의 생산성은 더욱 배가될 수 있었음은 물론이다.

그녀는 또 객실청소에서 발견된 각종 문제점과 그 해결과정이 매니저를 거치기 때문에 더디게 이뤄지고 있는 점을 개선했다. 종전의 시스템에서는 문제가 해결될 때까지 고객만족이 실종될 수 있기 때문이다. 바로 이런 점에 착안, 그녀는 문제 발견 → 즉시 해결 → 사후보고 과정이 고객을 진정으로 생각하는 접근방법이라고 본 것이다.

오리온자리의 말머리 성운

그녀는 자신이 개선해낸 서비스방법을 혼자서만 실천에 옮긴 것은 아니다. 매일 이뤄지는 라인업 미팅에서 자신의 노하우를 제시, 모든 직원들이 공유할 수 있도록 했다.

사내 최다 개선 아이디어 제출자인 그녀가 호텔 측으로부터 고객만족과 관련된 문제해결에 2,000달러를 쓸 수 있는 재량권까지 부여받았다. 리츠칼튼호텔이 높은 생산성과 품질로 '말콤 볼드리지 대상'을 수상하게 된 것도 결국 그녀의 노하우가 호텔 전체로 확산된 데서 비롯된 것이다."

이와 같은 리츠칼튼호텔의 뜻과 목표와 강점을 뒷받침할 수 있도록 종업원을 채용할 때 진심으로 고객에게 헌신할 수 있는 성품과 성격을 가진 사람을 선택한다. 이를 위해 전문회사와 협력해 심리분석을 응용한 인터뷰를 실시하고 지원한 분야에서 종업원들과 함께 실습하도록 해 응모자가 접객업에 맞는지를 신중히 검토한다. 오리엔테이션을 통해 새로 채용한 종업원들의 헌신정신을 극대화한다. 고위 경영자들이 며칠 동안 신입사원들에게 회사의 역사, 뜻, 목표를 가르치고 신입사원들이 서비스 문화를 완전히 이해하고 헌신할 수 있도록 도와준다. 또한, 경영진에서는 부서, 역할, 직위, 직책 등을 구분하지 않고 고객에게 서빙해야 할 일이 생기면 같이 서빙하고 서로 도와주는 것을 적극 장려하고 있다.

이렇게 됨으로써 리츠칼튼호텔 전체적으로 순수성에 바탕한 존재의 의미를 추구해 나아가는 규율의 문화가 정착되어 있으며, 규율의 범위 내에서 종업원들이 권한을 가지고 자유롭게 고객에게 봉사하고 있는 것이다.

초신성

감동형 CEO가 창업하여 위대한 기업으로 성장한 다른 사례는 사우스웨스트 에어라인을 들 수 있다. 한때 미국 항공산업계에서 약자이었던 사우스웨스트는 현재 다른 어떤 미국 내 항공사보다 더 많은 국내승객을 태운다. 십수 년 동안 불경기, 에너지위기, 9·11테러 등에도 불구하고 다른 주요 항공사와 달리 지속적인 수익을 내고 있다.

카터 대통령이 항공산업 규제해제법안에 서명했을 때인 1978년 10월부터 미국 항공산업은 변화하기 시작했다.

규제해제 전에는 민간항공위원회가 미국 항공산업에 진입, 승객요금, 인수 및 합병, 항공루트 등을 규제했다. 1개의 항공사가 한 개의 루트를 감당할 수 있을 때도 전형적으로 2~3개의 항공사가 서비스를 제공했다. 비용 증가는 고객에게 전가되었으며, 요금경쟁은 거의 존재하지 않았다. 항공사는 마치 일반 사람들을 경제적인 여유가 있어 비행기를 탈 수 있는 층과 그렇지 못한 층으로만 나누는 것 같았다.

그러나 규제해제는 항공요금을 요동치게 했으며 시장에 신규 회사가 진입하도록 했다. 1979년의 석유파동, 1981년 항공교통통제원들의 파업, 1980년대 초반 미국을 강타했던 심각한 불경기가 항공산업을 더욱 어렵게 만들었다. 규제해제 후 첫 10년 동안 다수의 신규 항공사를 포함해서 150개 이상의 항공사가 파산했다. 1978년 항공산업을 지배한 11개의 주요 항공사중 8개가 파산 또는 합병되었다. 항공산업은 전체적으로 단지 보잉747 두 대를 살 수 있는 정도의 돈을 벌었다.

그 후 살아남은 3개의 주요 항공사들(델타, 유나이티드, 아메리칸)이 미국 국내시장의 80%, 대서양 횡단 시장의 67%를 차지했다. 치열한 경쟁에 의해 항공 요금이 낮아지자 항공여행의 수요가 급격히 늘어났다(1974년 2억 명, 2004년 5억7천8백만 명). 미국 국내 1마일 여행의 평균가격이 규제해제 이후 50% 이상 낮아졌다(1975년에 10센트, 2003년에 4센트). 1990년대 중반에 항공사들은 이 수요를 충족시키기 위해 고심했다. 많은 항공사들이 경험한 재정적인 문제에도 불구하고 새로운 회사들이 계속하여 시장에 진입했다. 1992년부터 1995년 사이에 69개의 새로운 항공사가 미국 연방항공국에 의해 승인되었다.

이들 항공사들의 대부분은 주요 항공사보다 제한된 루트구조와 저가요금으로 경쟁했다. 비록 규제해제가 경쟁과 새로운 항공사의 성장을 촉진시켰지만, 지역별 요금의 차이를 초래시켰고, 작고 멀리 떨어진 지역에 대한 서비스에 나쁜 영향을 미쳤다. 항공사 직원들은 일반적으로 1978년 4만2,928달러보다 임금이 더 낮아지면서 고생했다. 대략 2만 명의 항공산업 근로자들이 1980년대에 해고되었으며, 반면에 남아있는 근로자들의 생산성은 같은 기간에 43% 증가했다. 2005년에는 주요 항공사의 근로자들이 35% 수준의 급여삭감을 받아들이도록 강요받았다.

항공운영비의 약 80%는 고정비(매출액의 변동에 상관 없이 발생되는 규모가 일정한 비용) 또는 반변동비(매출액에 비례하여 규모가 커지는 비용이 변동비이며, 반변동비는 매출액에 50% 정도 비례하여 규모가 커지는 비용을 말함)이다. 유일한 순수변동비는 여행사 수수료, 음식비용, 티켓발매 수수료이다. 항공비행의 운영비는 주로 여행한 거리에 영향을 받으며 승객수에 영향을 받지 않는다. 높은 고정비 구조 때문에 항공사들은 항공기 등 설비 가동율을 최대화하기 위해 정교한 소프트웨어를 개발했다.

주요 항공사들은 십여 가지의 요금체계가 있다. 항공사들은 각 요금별로 얼마나 많은 자리를 팔 수 있는 지를 결정하기 위해 루트별 과거 실적패턴을 분석한다. 모든 주요 항공사들은 수율관리(Yield Management)시스템을 통해 분석적이고 유연하게 가격을 결정하여 적용한다. 이 시스템은 항공사들이 남은 좌석의 수와 남은 좌석에 적용할 가격을 파악할 수 있도록 해준다. 목적은 더 높은 수율(Yield)로 더 많은 좌석을 파는 것이다. 가격이 높을수록 수율이 높다.

비록 운영비를 감축하는 것이 항공사의 최우선 과제이지만 비용구조상 본질적으로 감축할 수 있는 폭에는 한계가 있다. 총운영비의 17%에 해당하는 연료비는 주로 항공사의 통제권 밖에 있으며, 노동조합은 노동유연성을 제약한다. 항공산업의 높은 고정비는 다른 산업대비 항공산업의 이익률을 가장 나쁘게 만드는 요소 중에 하나이다. 항공루트를 관리하기 위해 모든 주요 항공사들은 대도시에 위치한 터미널에 집중하는 방식을 유지한다(대도시의 터미널을 허브로 운영). 시카고, 애틀란타와 같은 도시에 주요 허브를 건설하기 위해서는 1억5000만 달러의 투자비가 든다. 비록 허브가 여행객들에게 불편을 주지만 항공사 입장에서 허브시스템은 폭 넓은 지역에 대해 효율적으로 항공 서비스를 제공할 수 있는 방식이다. 주요 항공사들은 소위 요새화된 허브로 힘을 과시했으며, 다양한 지역의 시장에서 경쟁우위를 확보하기 위해 허브를 활용했다.

사우스웨스트의 창업자이자 CEO인 허브 켈러허(Herb Kelleher)는 코미디언 같이 재미있고, 야하며, 신선하고 독창적이다. 회사 내에서 큰 아저씨로 통하며, 별명은 하하교주이다. 독창적인 방법으로 경영을 시도하지만, 그의 활동은 계속 업계표준이 되었다. 직원들에게 신망이 높고 이름을 잘 외우며, 직원의 가족을 잘 챙겨 준다. 회사가 어려울 때 조종사들이 임금을 동결하는데 합의했고, 이때 같이 자신의 임금도 동결시켰다. 솔선수범의 대명사이며, 가끔씩 짐칸직원들을 돕기도 하고, 고객을 위한 이벤트로 스튜어디스 역할도 한다. 종업원들 중 아무나 격식 없이 몇 시간이고 이야기하는 것을 좋아한다. 항공업계의 한 베테랑 애널리스트는 "허브는 총명하고, 매력 있고, 약삭빠르며 터프하다. 회사 일이 어떻게 돌아가고 있는지를 파악하기 위해 기계공과 새벽 네 시까지 술집에서 이야기를 할 사람이다. 그리고는 찾아낸 문제점을 모두 해결하는 사람이다."라고 말할 정도다.

허브 켈러허는 미국 동부 출신의 변호사였으며, 철학과 문학을 전공하고 뉴욕대학교 로스쿨을 졸업한 후 뉴저지 대법원에서 서기로 일했다. 1960년대 중반까지 그는 샌안토니오에서 변호사로 행복하게 살고 있었다. 1966년 어느 날 롤린킹이라는 한 의뢰인이 그에게 캘리포니아의 PSA라는 단거리 출퇴근용 항공사에 대한 자신의 경험을 이야기하면서 텍사스에서도 비슷한 영업을 할 수 있을 거라는 제안을 했다. 이 두 사람은 계획을 세우고 대출을 받아 사우스웨스트를 창립했다.

사우스웨스트는 초기비행을 달라스에서 오래된 러브필드공항과 휴스턴 호비공항에서 시작했다. 승무원들에게 핫팬츠를 입히고, 러브필드라는 지명을 이용하여 "사랑을 합시다, 전쟁 말고"라는 캠페인을 벌였다. 사우스웨스트는 아직도 자사를 러브항공사라고 부르고 있으며, 주식시장에서는 "LUV"라는 심벌로 거래되고 있다. 사우스웨스트 경영진은 편안함과 항공기 출발시간을 중요하게 여기는 여행자와 저가 항공료로 여가를 떠나는 여행자로 나눌 수 있음을 알았다. 이 두 부류의 여행자들을 위해 두 가지의 항공료를 적용했다. 1972년 휴스톤과 달라스, 그리고 샌안토니오 사이의 비행에 다른 항공사들은 $28를 부과했지만 사우스웨스트는 $20를 부과했고, 항공료를 주중에 오후 7시까지는 $26로, 주중 오후 7시 이후와 주말에는 $13로 결정했다. 이에 따라 브라니프 항공사가 달라스-휴스턴 루트를 포기했다. 사우스웨스트가 $59로 클리블랜드-시카고 편도노선 운항에 들어갔으며, 이때 다른 항공사들은 $310를 받았다. 사우스웨스트가 가지고 있는 문제는 이 가격이 초기 할인행사 요금이 아니라 정규요금이라는 것을 승객들에게 확신시키는 것이었다.

사우스웨스트의 저가 요금원칙을 포함한 주요 운영원칙은 다음의 표와 같다. 이 운영원칙을 창업 당시 설계하여 적용한 이래 현재까지 변경 없이 꾸준히 적용해 오고 있음에 유의하자.

	주요 내용
단거리 항공루트에만 취항	– 항공기 1회 운항 당 평균운항거리: 576 Mile (평균 1.5시간 항로) – 비행기당 하루 8회 운항 (업계평균 대비 2배) – 비행기 당 하루 12시간 운영 (업계평균 8.6시간)

Point-to-Point 방식 (허브 사용하지 않음)	- 국제선 운항 없음 - 피닉스, 라스베가스 등의 핵심수요도시 중심으로 공략 - 59개 도시를 허브 거치지 않고 직접연결 (2004년에 하루 총 약 2,800회 운항) - 비행기 회전율이 아주 높음 (Hub를 사용하는 방식보다 비행기를 많이 왕복시킬 수 있음)
운항 여객기 기종	- 보잉737로 표준화
왕복소요시간	- 공항에 도착 후 손님 내려놓고 다시 손님 태워서 출발할 때까지 15분 대기 (업계의 평균대기시간은 45분) - 조종사가 짐을 옮기기도 할 정도로 소속, 직책, 업무영역, 직위에 상관없이 종업원들이 서로 도와 가면서 대기시간 단축
항공료 저가유지	- 평균편도 $88.57 (2004년) - 한 좌석 당 일 마일 당 평균 원가가 업계 최저 - 안전 부분에서 업계 최우수 - 지정석과 음식 제공 없음 - 먼저 들어온 손님에게 먼저 서비스해 주는 방식 - 인터넷 예약을 최초로 활용 (2004년 예약률 59%) - 마일리지는 비행거리가 아니라 티켓구매 횟수로 부여

사우스웨스트의 직원들은 손님들을 위한 진심어린 감동서비스를 제공한다. 고객의 개를 2주간 대신 봐주거나, 연고 없는 아픈 고객을 집으로 초대해서 보살펴 주고 호송해 주기도 한다. 종업원들이 재미 있게 일하고 승무원들도 코미디언처럼 손님들을 언제나 즐겁게 해준다. 종업원들 간의 커뮤니케이션이 생활화되어 있고, 공동체의식과 가족정신이 내재화되어 있다. 석유파동 때에

는 경영진 모르게 직원들이 13만 달러를 모아 연료비용을 충당하는 데 일조하기도 했을 정도다. 입사 지원자가 이러한 자질이 있는 지를 심도 있게 검증하여 직원으로 선발한다. 채용되는 사람들 중 MBA 출신은 극소수이다. 설사 채용된다 하더라도 그것은 학위 때문이 아니라 회사 문화에 적합하다는 판정을 받았기 때문이다. 구직자들에게 최고로 인기 있는 회사 중의 하나이며, 절대 직원을 해고하지 않고 임시직이나 비정규직 근로자도 거의 없다. 이직율은 다른 주요 항공사의 절반도 안 되는 수준이다.

사우스웨스트는 신입사원교육이 철저하며 독특한 그들만의 정신을 심는 데 주력하고, CoHearts라는 멘토제도를 적용한다. 종업원들이 사람대학(University of People)이라는 곳에서 지속적으로 향상교육을 받도록 한다. 직원들의 창의적인 제안들을 적극 활용한다. 노사관계도 잘 구축하고 있다. 약 80%는 노조 비가입자이며, 한번도 심각하게 노사분규를 겪지 않았다. 최초로 성과에 따른 이익분배를 실시했으며, 직원의 약 10%는 회사의 주식을 소유하고 있다. 〈포춘〉지에 따르면 1992년 기준 종업원의 년간 평균임금이 사우스웨스트는 4만4,305 달러, 아메리칸은 4만5,801 달러, 유나이티드는 5만4,380 달러였다.

그렇다면 사우스웨스트의 감동문장은 무엇일까? 그 답은 이러하다.

"고객과 함께 즐겁고 재미있게 일하면 직장내 활기가 넘치고 삶의 즐거움과 보람도 느끼고 생산성도 올라갈 것이다. 단거리 항공 노선의 항공료가 비싸므로 많은 사람들이 이용하지 못한다. 자동차로 같은 거리를 가는 비용보다 낮은 항공료로 단거리노선에서 항공서비스를 제공하면 많은 사람들이 애용할 것이다. 고객에게 재미와 즐거움을 바탕으로 진심어린 서비스를 제공하고 자동차 비용보다 낮은 항공료로 항공서비스를 제공하는 멋진 단거리노선 전문 항공사를 만들겠다."

CEO인 허브 켈러허는 "일이 심각할 필요는 없다고 항상 생각해 왔습니다. 가벼운 사람은 프로가 될 수 없다는 관념도 깨야 합니다. 재미있으면 사람들에게는 자극이 되는 겁니다. 일을 즐겁게 하게 되고 생산성이 높아지게 되는 거죠"라고 말했는데, 그의 말에서 사우스웨스트의 감동문장이 무엇인지를 짐작할 수 있다.

사우스웨스트는 창립 이래 약 35년간 꾸준한 성장을 했지만, 고도로 통제된 계획적인 성장을 했다. 허브 켈러허가 직원들에게 "우리는 우리가 가진 비행기 숫자 보다 더 많은 성장의 기회를 가졌으나, 의미 없는 성장의 함정을 피해왔다."라고 말한 것이 이를 증명한다. 직원들 역시 회사가 커지는 것이 더 좋다는 생각에 사로잡혀 있지 않았다.

사우스웨스트는 약 35년간 연속 흑자를 기록하고 있고, 1987년부터 가장 적은 고객불만 건수를 기록해오고 있다. 이런 괄목할만한 성과에 힘입어 사우스웨스트는 〈포천〉지에 의해 1997년부터 2003년까지 매년 세계 항공업계에서 가장 존경받는 항공사로 선정되었다. 1987년 75대의 여객기가 2005년에는 417대(322대는 자사 자산, 나머지는 임대 받음)로 증가했는데 이를 통해 이 회사의 규모도 꾸준히 성장했음을 알 수 있다.

이에 따라, 많은 경쟁사들이 사우스웨스트의 낮은 요금과 단거리 운항 전략을 모방했다. 모방자들 중 많은 수가 신규 항공사들이었으며, 그 신규 항공사들 중 97%가 실패했다. 사우스웨스트를 모방하여 가장 성공한 신규 항공사들 중 미드웨스트익스프레스와 아메리칸웨스트는 결국 둘 다 파산절차를 밟았고, 벨류젯트는 1996년에 추락사고 후에 운항이 중단된 뒤 1년이 지나 에어트란이라는 이름으로 다시 사업을 시작했다.

한편, 주요 항공사들은 사우스웨스트와 직접적인 경쟁을 시도하기도 했다. 1994년 10월, 유나이티드는 셔틀바이유나이티드(The Shuttle by United)라는 항공사 내의 항공사를 운영하기 시작했으며, 이는 사우스웨스트의 많은 부분을 모방한 것이었다. 유나이티드는 서부 해안지역 시장을 공급과잉으로 만들었으며, 이로 인해 사우스웨스트는 켈리포니아 지역의 10%를 일시적으로 잃었으나, 유나이티드의 경쟁력 부족으로 잃었던 시장점유율을 점차 회복했다. 사우스웨스트와 경쟁하는 데 있어 유나이티드의 가장 큰 문제는 사우스웨트보다 낮은 생산성과 꽉 찬 공항으로 인한 출항지연 등에 의해 발생되는 비용상승이었다. 유에스에어웨이스도 동일한 모방을 했으나 유나이티드처럼 성공하지 못했다.

사우스웨스트를 모방한 사례를 보면 어떤 경우는 코미디와 같다. 파산에서 벗어난 콘티넨털은 1993년 사우스웨스트를 모방해 재기를 노렸으나, 곧 운영상에 큰 문제가 초래되어 성공하지 못했으며, 1995년에는 CEO가 해고되었다. 모리스에어는 사우스웨스트가 취항하지 않은 지역에서 사우스웨스트를 모방하여 이익을 올렸으나 1993년 사우스웨스트에 의해 인수를 당했다. 모리스에어는 사우스웨스트가 인수한 유일한 항공사이다.

사우스웨스트를 모방해 성공한 항공사는 한 곳에 불과했다. 1999년에 모리스에어의 전임 사장인 데이비드 넬레만(David Neeleman)이 뉴욕의 JFK공항에 기반을 둔 새로운 항공사 설립 계획을 발표했는데 이 회사가 바로 젯블루에어웨이스이다. 젯블루에어웨이스는 낮은 항공료를 적용했지만, 지역적으로 분산된 단거리 및 장거리 노선에 취항하고, 가죽좌석, 무료 라이브TV, 사전지정좌석 등 다양한 서비스를 제공해서 사우스웨스트의 장점을 취하면서도 사우스웨스트와 차별화를 시도했다. 2005년에 젯블루에어웨이스는 미국의 31개 도시, 푸에르토리코, 도미니카공화국, 바하마에 운항했다. 젯블루에어웨이스는 여러 항공기 제작사로부터 다양한 여객기를 구매했으며, 2004년에 사우스웨스트의 20%에 달하는 12억 달러의 매출을 달성했다. 이 회사는 이익을 창출했고, 향후 몇 년 간에 걸친 주요 확장계획을 수립했다. 젯블루에어웨이스가 성공의 길로 갈 수 있었던 것은 사우스웨스트의 장점을 모방하면서도 차별화를 동시에 진행시켜 독창성을 가졌기 때문이다.

꾸준한 고객수요 증가에도 불구하고 2005년 항공산업은 위기에 처했다. 사우스웨스트와 달리 타 항공사들은 고전을 면하지 못했다. 2002년 미국 항공사들은 유동성문제로 인해 파산보호를 신청했다. 유에스에어웨이스는 2003년 3월에 파산 위기에서 벗어난 후에 2004년에 파산보호를 신청했다. 아메리칸은 3개의 주요 노조로부터 18억 달러를 양해 받았음에도 불구하고 같은 운명에 처해지게 되었다. 델타도 2001년부터 2004년까지 85억 달러의 손실을 기록하면서 거의 파산상태가 되었다. 에이티에이 역시 마찬가지였다. 2001년 9·11테러 이후 미국 국내항공사들은 300억 달러 이상의 손실을 입었다.

감동형과 집착형의 대표적인 창업메커니즘

<table>
<tr><th>감동형</th><th>집착형</th></tr>
<tr>
<td>순수함으로 존재의 의미를 추구해 가는 기업을 구상함. 순수와 불굴의 의지를 겸비함.</td>
<td>노력은 하기 싫은데 대박은 터뜨리고 싶다.</td>
</tr>
<tr>
<td>노력하는 것이 즐거우므로 자금 대신 노력으로 사업을 추진해 나아감.</td>
<td>노력보다는 돈으로 해결하고자 함.</td>
</tr>
<tr>
<td>색즉시공.</td>
<td>하나의 아이디어가 비법인 것처럼 과신하고, 있는 자원 몽땅 일시에 투자하는 경향.</td>
</tr>
<tr>
<td>장기적으로 꾸준히 노력하면 해낼 수 있다는 굳은 믿음.</td>
<td>색즉시공.</td>
</tr>
<tr>
<td rowspan="5">근심, 걱정하지 않고, 노력으로 하나하나 배우면서 강점을 향상시켜 나아감. 감동 문장에 어울리는 사람들을 채용. 기업내부 전체에 걸치는 소통을 통해 현장의 사실을 바탕으로 감동문장에 맞게 방향의 정확성과 일관성을 구축해 나감. 강점향상은 빠르게, 그렇지만 강점향상보다 한 발 늦는 성장을 추구해감. 공즉시색. 차별화된 일련의 활동으로 고객에게 감동을 주는 유일한 위치를 만들어내고, 시너지와 지렛대효과를 내는 활동을 추가하여 규모를 키움. 고객과의 소통을 통해 변화하는 환경에 유연하고 신속히 대응함.</td>
<td>근심, 걱정 등 불안한 심리.</td>
</tr>
<tr>
<td>불안함을 잠재우기 위해 성공한 모습을 빨리 보려는 조급증.</td>
</tr>
<tr>
<td>성급한 결정에 의한 방향의 부정확성과 능력을 앞선 행보.</td>
</tr>
<tr>
<td>혼돈의 발생과 실행의 한계에 부딪침.</td>
</tr>
<tr>
<td>밑 빠진 독에 물 붓기.</td>
</tr>
<tr>
<td>감동공간 구축을 통한 감동형 조직문화(규율의 문화) 형성.</td>
<td></td>
</tr>
<tr>
<td>에너지의 축적과 도약, 원대하고 위험한 목표 달성과 뜻의 실현.</td>
<td></td>
</tr>
<tr>
<td>영속성 확보에 주력.</td>
<td></td>
</tr>
</table>

※지렛대효과 : 같이 어울려 하나가 되었을 때 지렛대처럼 큰 힘을 발휘함 (보통 시너지보다 더 큰 효과를 내는 경우에 사용)

기존기업들 중에 경기의 사이클에 따라 흑자상태와 적자상태를 왔다 갔다 하며 위기에 처했다가 기사회생하는 것을 반복하는 기업, 장기간에 걸쳐 주식시장 평균 주식투자수익률 이하의 주식투자수익률을 겨우 내는 기업, 도산 위기에 처한 기업과 같은 그저 그렇거나 실망스러운 기업들이 어떻게 위대한 기업으로 변화할 수 있을까?

위대한 기업을 향한 열쇠는 감동형 CEO의 등장에 있다. 이 말은 그저 그렇거나 실망스러운 기업에 머물러 있는 것은 CEO가 '집착형'이기 때문이라는 말이기도 하다. '감동형' CEO는 자신 스스로에 대해서 순수성으로 존재의 의미를 추구해 나아갈 뿐만 아니라 자신이 CEO로 취임한 기업이 순수성으로 존재의 의미를 추구해 나아가 독창적인 가치를 창조하도록 만든다. 감동형 CEO는 권력, 명예, 권위, 자신의 보수와 야망, 나태함에 집착하지 않고 비난, 불평, 불만, 자만 등에 구속되지 않는 순수성과 어떤 어려운 상황이 닥쳐와도 해낼 수 있다는 굳은 의지을 가지고 있다. 나아가 권력과 권위를 자신의 존재감을 맛보는 도구로 활용하지 않고 보다 넓고 큰 창조를 위한 수단으로 전환시키며, 자신의 야망을 자신이 경영하는 기업의 야망으로 바꾼다. 순수성에서 나오는 겸손과 존재의 의미를 추구하면서 나오는 굳은 의지가 역설적으로 융합돼 있다. 보통 겸손한 사람은 착한 사람으로 의지가 약하고 의지가 강한 사람은 겸손하지 못하지만, 감동형 인간은 겸손과 굳은 의지가 같이 발휘된다는 점에서 '역설적'이라는 말을 사용한다.

감동형 CEO에 의해 그저 그런 기업이 위대한 기업으로 변화하는 과정은 감동형 CEO가 위대한 창업을 실현해 가는 과정과 유사하다. 차이점이 있다면, 전자는 기존에 상당한 규모를 갖추고 있는 기업에 변화를 일으키는 과정이고, 후자는 무에서 유를 창조하는 과정이라는 것뿐이다. 기존의 기업이 그저 그런 기업의 상태로 있었던 이유는 전체 및 개별최적화가 동시에 실현되지 않았기 때문이며, 감동형 CEO는 전체·개별최적화 모두를 실현시키는데 집중한다.

감동형 CEO가 기존 기업을 위대한 기업으로 변화시키기 위해 전체·개별최적화를 실현시키는 유형은 두 가지다.

첫 번째는 전체최적화의 대부분을 자신이 주관하여 진행시키고 개별최적

화는 자신이 방향을 제시하고 그 방향에 맞춰 경영진과 직원들이 그들간의 소통을 통해 자발적으로 진행하도록 하는 것이다.

두 번째는 전체최적화 중에서 경영진과 직원들 중에서 순수하지 못한 사람들을 퇴출시키는 것만 자신이 주관하고, 전체최적화의 대부분과 개별최적화는 자신을 포함하는 경영진과 직원들이 소통을 통해 함께 진행하도록 하는 것이다.

하지만 어떤 유형을 택하든 감동형 CEO가 전체와 개별 최적화를 실현시키는 방법은 기업내부 전체가 순수성으로 무장하도록 하고, 강점을 갖추도록

솜브레로 은하

하며, 기업의 뜻을 확립하고, 원대하고 과감한 목표를 수립하여 달성해 나아가도록 하며, 영속성을 갖도록 하는 것으로 위대한 창업에서 감동형 CEO가 전체와 개별 최적화를 실현시키는 방법과 같다. 감동형 CEO는 자신이 속한 기업이 감동형이 되고, 자신이 떠난 뒤에도 지속 감동형을 유지할 수 있도록 감동형 CEO감의 인물을 육성하고 그에게 CEO 자리를 물려주고 떠난다.

첫 번째 유형의 대표적인 사례가 GE의 8대 CEO였던 젝 웰치이다. 1935년 태어난 젝 웰치는 어린 시절 그의 어머니로 부터 많은 영향을 받았다. 그의 아버지는 묵묵히 일만 열심히 하는 철도 승무원으로 좋은 사람이었고, 그의 어머니는 그를 훈련시키고 삶의 진실을 가르쳤다. 그녀는 그에게 "독립심을 가져라. 너의 운명은 너 스스로 개척하라. 현실을 보라. 섬세한 척 고상을 떨지 마라."라고 했으며, 그가 그녀의 가르침에서 벗어나면 항상 긍정적이고 건설적이고 사기를 고취시키는 방향으로 호되게 야단을 쳤다.

그의 고등학교 동기는 "그가 보통의 좋은 친구였지만, 경쟁심이 강했고 끈질기고 논쟁적이었다."라고 했다. 한 대학 동문은 "승리하고자 하는 열망이 눈에 나타나 있었다. 그는 항상 한발 앞을 보고 있었다."라고 했고, 다른 대학 동문은 "그는 미식축구에서 조차도 지는 것을 싫어했다."라고 했다. 또 다른 대학 동문은 "그는 품위와 운동신경 같은 것이 없었다. 그러나 열심히 시도해서 사람들을 압도했다. 그가 말한 것 중에 가장 기억에 남는 것 중에 하나가 '우리 그래도 친구지?' 라는 말이었다"고 했다.

젝 웰치는 매사추세츠 대학을 수석으로 졸업하고 25세에 일리노이대학에서 화학공학 박사를 가장 짧은 기간인 3년 만에 최초로 취득하고 난 뒤에 GE의 플라스틱사업부문에 입사했다. 그는 32세인 1968년에 GE에서 가장 젊은 사업담당 경영자가 되었다. 탁월한 경영성과를 지속저으로 창출했던 그는 다른 6명의 차기 CEO 후보들을 제치고 1981년 45세의 나이에 역대 최연소로

GE의 제 8대 CEO로 취임했다.

그가 취임할 당시만 해도 팽배했던 기업에서의 관료주의는 피라미드 형태로 위에서 아래로 내려가는 계급의 층이 두터웠다. 그래서 말단에서 실질적으로 고객에게 가치를 주는 업무나 생산, 서비스 활동에 임하여 매출과 이익을 올리는 직원들에게 여러 가지 악영향을 주었다. 어떤 일을 추진하거나 개선을 하고자 할 때 바로 상위에 있는 직속 관리자에게 보고를 해야 하고, 바로 상위의 관리자는 그 다음의 여러 층에 걸친 상위 직속 관리자나 임원들에게 보고를 하여 승인 받는 절차를 거쳐야 했기 때문에 승인받는 것이 또 하나의 업무가 되었으며 시간도 많이 걸렸다. 다층의 상위 직속 관리자나 임원들은 성과를 내기 위한 수단으로 그들의 권력과 권위를 이용해 하위의 관리자나 말단 직원들에게 어떤 업무를 어떻게 하라고 하나하나 세부사항까지 지시하고 결과를 보고 받았기 때문에 말단 직원들은 상사의 로봇 같이 움직이면서 많은 불필요한 보고서를 작성하느라 시간을 소비했다. 결국 상사들은 말단 직원에게 업무 지시하고 보고 받느라 시장에 나아가서 고객의 소리를 듣기 어려웠고 말단직원은 상사에게 잘 보이기 위해 일을 하고 상사가 시키는 일만 하며 고객이 원하는 제품을 만들거나 생산성을 올려 주거나 해서 실질적으로 회사에 경영이익을 주는 개선활동은 잘 실행하지 않았다. 또한 상위 직속 임원을 보좌하는 스태프부서들은 라인조직(생산, 판매, 서비스를 직접 실행하는 조직)의 관리자나 직원들로부터 자주 업무 보고를 받으며 이런저런 간섭을 했고 관리자나 직원들은 스태프부서에게 잘 보이도록 노력해야 했다. 결국 회사의 구성원들이 밖의 시장으로 나가 고객의 소리에 귀를 기울이지 않고 서로 조직 내부의 구성들에게만 집중하는 결과를 초래했다. 그러다 보니 심지어 상사에게 잘 보이기 위해 자신에게 유리하도록 정보를 왜곡하거나 자신에게 불리한 정보는 은폐시키는 현상이 일어기도 했다.

이런 상황에서 젝 웰치는 GE에 입사하면서부터 늘 솔직함을 바탕으로 하는 자유와 책임의 중요성을 가슴에 두고 살았다. 직원들은 상사의 권위와 상사에 의한 불필요한 업무와 상사에게 잘 보여야 한다는 강박감에서 벗어나 독창적인 실력과 창의력을 마음껏 발휘하는 자유를 누려 실질적으로 생산성과 고객의 가치를 향상시키고 경영이익을 증대시키는 책임을 완수해야 한다고 생각했던 것이다. 1970년대와 1980년대 초반, 일본 업체들이 고품질과 저가의 제품으로 미국시장에 진출하여 시장 점유율을 확대해 가고 있었는데, 그는 자신이 취임하기 전까지 GE가 주식시장 평균 주식투자수익률을 올릴 수 있는 정도였고 도산 위기에 처하거나 하지는 않았지만 변화하는 환경에 적응하지 않고서는 결국 망하고 말 것이라고 판단했다.

젝 웰치는 1981년 취임사에서 "나는 10년 후에 GE가 유일하게 이 세상에서 아무도 필적할 수 없을 정도의 뛰어남을 가지고 있는 활기차고 기업가적인 기업이 되길 바란다. 나는 GE가 가장 수익성이 좋고 아주 다양한 분야에서 사업을 하고 각 분야에서 품질의 우수성을 압도하는 기업이 되길 바란다."라고 말했다. 그의 뜻은 GE가 구성원들이 실력을 마음껏 발휘하도록 최대한의 자유를 주고, 구성원들은 GE가 이 세상에서 아무도 필적할 수 없는 우수성을 확보하여 세계경제에 크게 기여하도록 하는 책임을 완수하며, 이를 통해 구성원들을 타 기업에서 스카웃하고 싶어 안달이 날 정도로 구성원들이 실력을 갖춤으로써 GE가 진정한 실력사회가 되는 것이다. 그가 할 일은 최종적으로 그의 뜻을 GE라는 거대 기업의 뜻으로 전가하는 것이었다. 그는 그의 본뜻에 맞춰 GE의 구조를 조정하여 강점을 바탕으로 하는 사업을 전개하고 이를 뒷받침하기 위해 GE의 문화도 변화시켰다.

그는 GE의 사업들 중에 해당 사업분야에서 1위 또는 2위에 있거나 1위 또는 2위가 될 수 있는 방안을 가지고 있는 사업은 강화하고 그 외는 과감히 팔아치웠다. 강점을 가지고 있지 않거나 강점을 가질 수 없는 사업은 더 이상 하지 않겠다는 의지였다. 그는 취임할 당시 170개에 달했던 사업 중 110개 사업을 팔아치웠다. 그 대신 강점을 가지고 있는 사업과 시너지를 낼 수 있는 타 기업의 사업을 사들였고, 사업을 다각화하기 위해 과거에 GE가 사업을 하지 않았던 타 기업의 사업을 사들였다. 1981년부터 1990년까지 타 기업으로부터 사들인 사업의 수는 약 570개이다. 이 기간 동안 사업부를 매각하면서 90억 달러를 받았고 타 기업으로부터 사업을 인수하기 위해 170억 달러를 투자했다. 그는 GE의 목표가 모든 사업분야에서 1위 또는 2위가 되고 가능한 한 모든 사업을 하는 것으로 만든 것이었다. 그는 취임해서 2001년 퇴임할 때까지 1,700여 건에 달하는 인수합병을 성사시켰으며 GE의 사업분야를 핵심 사업분야, 첨단기술 사업분야, 서비스 사업분야로 통폐합했다. 또한 그는 취임 후 5년간 약 40만 명에 달했던 종업원 중 10만 명이 넘는 직원을 해고하기도 했다.

각 사업의 최고리더들과 잭 웰치를 포함하는 최상위의 경영진은 매분기 별로 모여 2일 동안 사업에 대해 정보를 교환하고 방향을 협의했다. 그들이 각각의 사업에 대해 토론한 주제들은 이러했다.

"현재 글로벌 시장의 역학관계는 무엇인가?"

"그 시장의 역학관계가 다음 수년 동안 어떻게 변할 것인가?"

"지난 몇 년 동안 경쟁자가 시장의 역학관계를 무너뜨리기 위해 활동한 내용이 무엇인가?"

"다음 몇 년 동안 경쟁자가 시장의 역학관계를 무너뜨리기 위해 취할 수 있는 가장 무서운 활동은 무엇인가?"

"우리가 시장의 역학관계에 우리가 바라는 영향을 주기위해 할 수 있는 가장 효과적인 방법은 무엇인가?"

이러한 토론을 통해 GE의 최상위 경영진이 얻고자 한 것은 결과적으로 각 사업이 새로운 글로벌 사업을 창조하는 것이었다.

잭 웰치는 GE의 문화를 바꾸지 않고서는 근본적으로 GE가 바뀔 수 없다고 믿었다. 그는 먼저 관료주의를 타파했다. 두터운 수직 피라미드 형식의 조직구조를 얇게 하여 한 관리자나 임원이 보고 받는 직속 보고라인을 이론이 제시하는 5~6개 보다 더 많은 10~15개로 늘렸다. 이를 통해 관리자나 임원들이 큰 이슈에 집중하고 세세한 부분들은 직원들에게 권한을 주어 자유롭게 집행할 수 있도록 했다. 관리자나 임원들은 공식 채널 보다는 비공식 채널을 통해 형식에서 벗어나 자유롭게 직원들과 직접 만나서 대화하고 소통하도록 주문했다. 특히 과거 CEO로부터 임원, 관리자, 직원을 거쳐 시장 및 고객과 커뮤니케이션 하는 방식에서 벗어나 CEO가 바로 시장 및 고객과 커뮤니케이션하고, 마찬가지로 관리자 및 임원이 직접 고객과 커뮤니케이션하도록 했다. 현장에서 일어나는 사실 그대로가 GE내부에 공유되고 정보를 필요로 하는 사람에게 왜곡되지 않고 정확히 전달되도록 하는 것을 강조했다. 스태프 조직도 축소하면서 회계, 물류, 세무, 법률 등과 관계되는 전문가들로 소수 정예화 하여 그들의 역할이 과거 라인조직을 모니터링하고 통제하는 것에서 라인조직이 활동하고자 하는 것을 지원하는 쪽으로 변경하여 라인조직의 자율성(자유도)을 올려주었다.

최상위 임원들에게 집중되었던 보너스와 스톡옵션은 중간 관리자와 말단 직원에게 집중 되도록 했으며, 특히 경영이익에 이바지하는 성과를 달성한 직원들에게 보상이 집중되도록 하여 성과주의를 정착시켰다. 그는 구성원 중 20%는 최고의 인재, 70%는 핵심인재, 10%는 퇴출 또는 재교육 대상으로 분류하여 최고의 인재 20%는 좋을 때나 힘들 때나 항상 관심을 줘야 한다고 했다.

잭 웰치는 고객에게 신속히 다가가고 변화하는 환경에 신속히 대응하는 스피드가 필요하며 이를 위해서는 단순해져야 하고 단순하기 위해서는 사업의 본뜻과 목표를 명확히 이해하면서 뭐든지 할 수 있다는 자기 믿음, 즉 자기 확신이 필요하다고 강조했다. 회사가 개인에게 자유를 주는 만큼 개인도 고정관념이나 집착에서 벗어나 자유로워져야 하고, 이를 바탕으로 회사와 함께 자신에 대한 존재의 의미를 추구해야 한다는 말이다.

잭 웰치는 또한 권력, 권위, 형식 등 허위에서 벗어나 실질적으로 고객가치와 생산성을 개선하는 활동을 즉시 실행하도록 하기 위해서 워크아웃이라는 회의체를 운영하도록 했다. 운영방식은 대략 다음과 같았다.

회의는 여러 부서, 여러 계층으로부터 40명에서 100명 정도가 회의에 참석해서 약 3일에 걸쳐 진행했다. 첫째 날 회의시작 초기에 전원이 모여서 개략적인 안건을 결정하고 나면 담당임원은 회의체를 떠났다. 안건은 불필요한 회의·보고서·절차를 제거하는 것, 사내매점을 설치하는 것, 생산 공정을 개선하는 것 등으로 해서 자유롭게 선정할 수 있었다. 이후 참석자들이 여러 개의 그룹으로 나뉘어져 토론하면서 세부적으로 개선해야 할 것을 찾아내고 해결책을 만들어 냈다. 마지막 날에 담당임원과 참석자 전원이 다시 모여 각 그룹들이 만들어 놓은 문제와 해결책을 담당임원에게 제안했다. 그 자리에서 담당임원은 "동의 한다", "거부 한다", "좀 더 정보가 필요하다" 중에서 선택하여 바로 대답을 해야 했다. 제시된 개선안은 대부분 받아들여졌다고 한다.

GE 내부뿐만 아니라 타 기업에서 최고의 생산성을 가지고 있는 곳을 찾아가서 최고의 방법을 배우고 이를 GE 전체에 확대하기도 했다. 이때 중요한 것은 생산성을 올리는 방법을 배워서 GE 내부에 맞게 응용하는 것이다. 방법을 응용하지 않고 그대로 적용하는 것은 모방이므로 금지 되었다. 이것을 BP(Best Practice)라고 한다. 계층, 직책, 직위, 현장작업자, 사무직, 기술직, 연구직, 협력사, 계열사 등 경계를 짓는 벽을 초월해서 활발한 커뮤니케이션을 진행하고 BP를 발굴 및 전파하는 '벽 허물기 활동'(Boundariless)을 전개하였다.

잭 웰치는 취임 후 약 10년이 지난 1990년 〈하버드 비즈 리뷰〉와의 인터뷰에서 "한 비즈니스 매거진에서 GE에서 하고 있는 사업이 실질적으로 모두 세계 1위

또는 2위를 차지하고 있다는 기사를 내놓았다. 그 매거진은 GE의 경쟁자들로부터 그 기사를 내놓는 것에 대해 단 한번도 이의 제기를 받지 않았다. 그것은 사실이다. 그것은 우리가 하고자 한 것이고, 우리가 한 것이다. 우리는 지금부터 10년 뒤에 그 매거진이 GE는 구성원들이 창의적일 자유를 가지고 있고 각자 가지고 있는 최고의 것을 마음껏 발휘하는 곳이며, 구성원들이 중요한 것을 하고 있고 그 중요한 것을 성취함으로써 물질적으로나 정신적으로 보상 받고 있다고 스스로 느끼는 오픈 되고 공정한 곳이라는 기사를 내놓기를 바란다." 라고 말했다.

   젝 웰치는 이와 같은 전체 및 개별 최적화를 통해 GE의 기업가치를 획기적으로 향상시켰다. GE의 매출액은 1981년 272억 달러에서 2001년 1264억 달러로 증가되었고, 순이익은 1981년 17억 달러에서 2001년 137억 달러로 증가했다. GE의 주식에 장기간 투자하여 얻을 수 있는 누적 주식투자수익률은 그가 취임할 때만 해도 주식시장 평균 수준이었지만, 그가 퇴임할 때인 2001년에는 주식시장 평균의 약 3배에 달할 정도로 기업의 가치가 상승했다. 예를 들면 1981년 이전에 GE의 주식에 10년 이상 장기간 투자하여 1981년에 주식을 팔았을 때 얻는 수익은 주식시장 평균치 수준이었지만, 1981년 이후에 GE의 주식에 10년 이상 장기 투자하여 2001년에 주식을 팔았다면 주식시장 평균의 약 3배에 달하는 수익을 얻을 수 있었다는 것이다. GE의 기업가치인 시가총액은 1981년 120억 달러 수준에서 2001년 4,500억 달러 수준으로 그가 취임할 때 대비 퇴임할 때의 시가총액이 40배 상승했다. 시가 총액상승률이나 주가 상승률로 기업의 가치변동을 판단하는 것은 물가상승과 경기변동이나 기타요인에 의한 주식시장 전체의 주가변동을 걸러내기 어려워 무리가 따르지만, 장기간에 걸친 주식시장 평균 누적투자수익률 대비 해당 기업의 누적투자수익률로 해당 기업의 가치변동을 판단하는 것이 타 기업들의 평균 기업가치 변동 대비 해당 기업의 기업가치 변동을 알 수 있으므로 더 유리하다. 이러한 탁월한 경영실적을 인정받아 잭 웰치는 2001년 영국의 〈파이낸셜 타임스〉에 의해 '세계에서 가장 존경받는 경영인'으로 선정됐고, GE를 2년 연속 '세계에서 가장 존경받는 기업'으로 선정되도록 했다.

언뜻 보기에는 잭 웰치가 집착형 중의 하나인 경쟁형 CEO로 보이겠지만 사실은 감동형 인물이다. 그의 본뜻은 이 세상에서 아무도 필적할 수 없는 우수성을 가진 기업을 만들어 이 세상에 기여하는 것이며 이것은 경쟁을 초월하는 것이다. 그는 뜻을 이루기 위해 경쟁자라고 불리는 기업들을 자신의 수준을 측정하는 데 이용하고 GE보다 우수한 경쟁자를 공부해서 자신의 수준을 높이는 데 활용했을 뿐이지, 그들과 경쟁을 하려고 한 것은 아니었다. 그가 만약 실재로 집착형의 하나인 경쟁형이었다면 강점이 없는 사업을 정리하고 경쟁자로부터 GE의 사업과 시너지를 낼 수 있는 사업을 인수하지 않았을 것이다. 그리고 그는 퇴임 후에 한 방송국과 인터뷰에서 GE의 특징은 사업중심이라기 보다는 사람중심이라고 말했고, 기업의 사회적 공헌이란 말할 것도 없이 GE를 실력사회로 만들어 모두가 자유롭고 중요한 인물이 되는 것이라고 말했는데, 이 사실만 보아도 그가 감동형 인물이라는 것을 알 수 있다. 그는 단지 외형상 타인과 커뮤니케이션하는 수단으로 그 스스로 '경쟁자'라는 단어를 사용했을 뿐이고, 모든 일에 순수하게 최선을 다하는 모습에서 사람들이 경쟁심이 강한 사람이라고 오해한 것뿐이다.

세계적인 모범기업으로 도약한 롯데캐논 안산공장

두 번째 유형, 즉 전체최적화 중에서 경영진과 직원들 중에서 순수하지 못한 사람들을 퇴출시키는 것만 CEO가 주관하고, 전체최적화의 대부분과 개별최적화는 CEO를 포함하는 경영진과 직원들이 소통을 통해 함께 진행하도록 하는 것에 대한 사례는 많지만, 한국기업의 사례를 하나 들자면 롯데캐논 안산공장이다.

롯데캐논 안산공장은 한국 롯데와 일본 캐논이 50:50으로 투자하여 1985년 설립한 기업이다. 현재 종업원수가 기술연구인력을 포함하여 약 400명이며 복사기, 프린트기, 토너 등을 생산하여 국내에 판매할 뿐만 아니라 미국을 포함한 세계 약 15개 국에 수출하고 있다. 이 기업은 회사가 종업원들에게 자율성을 주고 종업원들은 회사가 자유를 주는 만큼 내외적으로 자유를 누리는 순수한 조직문화를 구축하는데 주력하여 세계적으로 모범이 되는 기업으로 도약하였다.

이 기업의 변화는 기업내부 출신이 최고경영을 맡으면서 일어나기 시작했다. 신임 최고경영자가 경영을 맡을 때만해도 기업내부 사정에 불만을 가지

지구

고 퇴사를 하는 사람들이 많았다. 그는 퇴사자들과 일일이 장시간의 일대일 개별면담을 했고, 공장전체의 구성원들도 끊임없이 의견을 표출하도록 유도하여 현장에서 일어나는 실재상황과 구성원들이 생각하는 공장변화 방안을 이해하는데 집중했다. 그는 이를 통해 구성원들이 느끼는 삶의 보람과 성취감의 정도가 구성원들의 실력과 생산성에 큰 영향을 준다는 것을 알아냈다.

그가 이러한 과정을 통해 찾아낸 감동문장은 다음과 같은 것으로 유추할 수 있다.

"향후 우리 공장의 성공을 결정짓는 것은 중국을 능가하는 저원가구조와 완벽한 품질을 확보하는 것이다. 구성원들의 삶의 보람과 성취감을 극대화하여 실력과 생산성을 높인다면 종업원과 기업이 윈윈 할 수 있다. 구성원들의 삶의 보람과 성취감을 극대화하는 방향으로 공장을 총체적으로 혁신하여 중국을 능가하는 저원가구조와 완벽한 품질을 갖추고, 이에 따라 전체 종업원들의 삶의 질과 기업의 이익 부분에서 세계 최고의 성과를 지속적으로 내는 기업을 만들겠다."

롯데캐논 안산공장의 CEO와 종업원들은 그들의 감동문장에 따라 생산라인의 구조, 조직구조, 조직의 역할과 책임을 단계적으로 변화시켜 나갔다.

먼저 1990년대 후반에 생산라인을 컨베이어방식에서 셀방식으로 변경하였다. 컨베이어방식은 한 줄로 길게 늘어선 컨베이어가 부품을 이송하면 컨베이어 옆에 있는 각 조립공정에서 작업자 또는 기계가 제품을 단계적으로 조립하여 컨베이어 끝부분의 최종공정에서 제품조립을 완료하고 완성품을 포장하는 방식이다. 작업자들은 일정한 범위 내에서 정해진 동작만 반복적으로 수행하여 자신이 맡은 조립작업만 완료하면 된다.

셀방식은 U자형 또는 사각형의 구역 내에 설비들이 모여 한 셀을 이루고 한 셀에서 소수의 다기능 작업자들이 함께 제품조립의 첫 단계부터 마지막 단계까지 많은 동작을 다기능적으로 실시하여 완제품을 생산해 내는 방식이다.

일반적으로 한 셀라인에 할당된 작업자수는 한 컨베이어라인에 할당된 작업자수 보다 아주 적다. 컨베이어라인 작업자는 일정하게 지정된 비교적 단순한 작업만 반복적으로 해야 하므로 자율성이 거의 주어지지 않으나, 셀라인 작업자는 많은 동작을 다기능적으로 반복 수행해야 하는 만큼 자율성이 많이 주어져 자신의 아이디어를 창안하고 생산절차나 방식에 적용할 수 있는 폭이 넓다. 컨베이어라인의 생산성은 작업자의 숙련도와 의욕과 실력에 거의 영향을 받지 않으나, 셀라인의 생산성은 작업자의 숙련도와 의욕과 실력에 따라 크게 달라진다.

컨베이어방식에서 셀방식으로 변경하고 난 후 1인당생산성이 24% 증가하고 품질은 10배 향상되는 성과가 나왔다. 또한 작업자들에게 설문한 결과 다음과 같은 결과가 나왔다.

- 성취감 45.2% 증가

- 책임감 30% 증가

- 직장 내의 활기 10% 증가

- 보람 38.9% 증가

- 힘들다 3.5% 감소

이후 2002년 2월부터 이 기업은 조직구조와 조직별 역할과 책임을 변경했다. 2002년 2월 이전에는 보통의 기업과 마찬가지로 생산라인에 투입되는 자재는 자재부서 산하 자재창고에서 공급을 하고, 일정 기간별로 어떤 제품을 몇 대 생산해서 출하할 것인지를 관리하는 생산관리는 생산관리부서에서 근무하는 사무기술직 직원이 담당했다. 또 투입되는 자재와 출하되는 제품에 대한 품질검사는 품질부서에서 실시하고, 생산기술은 생산기술부서에서 담당했다. 그러나, 2002년 2월부터는 한 셀라인에서 근무하는 작업자, 감독자, 간접 인원들에게 자신들의 셀라인에 대한 자재투입, 생산관리, 품질검사, 생산기술 업무를 직접 담당하고 책임지도록 했다. 여러 부서로 분리된 기능들을 각 셀라인에 집약시켜 셀라인에 자율성을 추가로 부여한 것이다. 이와 같은 제도를 기종장제도(CCO, Cell Company Organization)라고 칭했고, 6개 셀라인 각각에 대해 1개 CCO를 둠으로써 6개의 CCO를 운영하게 되었다.

출하되는 제품에 전화번호, CCO 팀장의 성명 등이 기록된 라벨을 부착하여 제품을 구매한 고객이 어떤 CCO가 생산한 제품인지 파악할 수 있고 사용상에 불편한 점이나 품질에 문제가 발생되면 제품을 생산한 CCO에게 직접 연락할 수 있도록 했다. 이를 통해 CCO 구성원들의 사명의식을 북돋우기도 했다.

매월 각 CCO들을 생산성(인원절감), 품질, 긴급 수주 건에 대한 납기 준수율, 개선 제안, 생산 혁신 부분에 대해 평가하여 최우수 CCO에게는 인센티브를 지급하였다. 또한, 직접 작업자와 간접 작업자에 대해 다능공 인증제도를 시행하여 자격을 갖춘 인원들에게 인증서를 수여하였다. 실력 향상에 노력하

나선은하 NGC 5194

여 정당하게 실력을 갖춘 사람들을 공정하게 평가하고 인정하는 제도를 정착시킨 것이었다. 기종장제도를 시행한지 2년이 지난 후 아래와 같이 셀방식만 적용했을 때 대비 혁신적으로 좋은 성과가 나왔다.

- 1인당 생산수 6.3% 증가

- 부품재고(회전일수) 50% 감소

- 제품재고(금액) 74% 감소

- 간접작업자 20% 감소

- 해외 클레임 Zero 달성

또한 기종장제도에 대한 만족도를 조사한 결과 64%가 만족, 34%가 대체로 만족, 2%가 불만족이라는 결과가 나왔다. 만족하는 이유 중에 단합된 모습으로 결속하고 공유하는 점(28%), 책임감과 소속감 부여(20%)가 총 48%를 차지했다.

물론 이 기업이 셀방식과 기종장제도와 다능공 인증제도만 도입한 것은 아니다. 타 기업과 마찬가지로 자재입고, 생산, 판매에 걸친 공급망의 동기화와 전체 종업원이 참여하는 낭비제거활동, 분임조 활동, 종업원들이 자발적으로 참여하는 조직활성화 프로그램도 시행했다. 하지만 세계적인 모범기업으로 도약하는데 결정적인 역할을 한 것은 셀방식과 기종장제도와 다능공 인증제도라는 것이다. 이 기업은 이와 같은 기업 혁신을 통해 2004년 제1회 올해의 제조기업대상(대한산업공학회 주관) 등 여러 가지 상을 받게 되었다.

감동형과 집착형의 대표적인 기업변화메커니즘

감동형 CEO	집착형 CEO
자신의 야망을 기업의 야망으로 전환. 순수와 불굴의 의지를 겸비함. 순수함으로 존재의 의미를 추구해가는 기업을 구상함.	회사보다 자신의 야망 실현이 더 중요.
순수하지 못한 사람들을 몰아내고 채용하지 않음.	자신의 인기몰이에 빠짐.
색즉시공.	자신이 모든 비법을 가진 것처럼 떠들고, 회사를 휘어잡음.
장기적으로 꾸준히 노력하면 해낼 수 있다는 굳은 믿음.	현장의 사실을 바탕으로 한 경영이 전개되지 않음.
근심, 걱정하지 않고, 기업내부 전체에 걸치는 소통을 통해 현장의 사실을 바탕으로 감동문장을 찾아내고 감동문장에 맞게 방향의 정확성과 일관성을 구축해 나감. 감동문장에 어울리지 않는 사람들을 몰아내고 채용하지 않음. 강점향상은 빠르게, 그렇지만 강점향상보다 한 발 늦는 성장을 추구해감. 공즉시색. 차별화된 일련의 활동으로 고객에게 감동을 주는 유일한 위치를 만들어 내고, 시너지와 지렛대효과를 내는 활동을 추가하여 규모를 키움. 고객과의 소통을 통해 변화하는 환경에 유연하고 신속히 대응함.	색즉시공.
	근심, 걱정 등 불안한 심리.
	불안함을 잠재우기 위해 빨리 자신의 야망을 실현하고자 서두름.
	시너지가 나지 않는 인수합병 등 방향의 부정확성과 능력을 앞선 행보.
	혼돈의 발생과 실행의 한계에 부딪침.
	밑 빠진 독에 물 붓기.
감동공간 구축을 통한 감동형 조직문화(규율의 문화) 형성.	
에너지의 축적과 도약, 원대하고 위험한 목표 달성과 뜻의 실현.	
영속성 확보에 주력.	

※지렛대효과 : 같이 어울려 하나가 되었을 때 지렛대처럼 큰 힘을 발휘함 (보통 시너지보다 더 큰 효과를 내는 경우에 사용)

191

제4부

인생을 창의적으로 개척하는 법

우주는 우리에게 선한 마음을 주었다. 불교에서 말하듯이 본래의 마음은 선하다.
성경에서도 우리가 기도를 통해 마음을 비워 본래의 마음으로 다가간다면
하나님의 뜻을 볼 수 있다고 말하고 있다. 여기서 하나님의 뜻은 '선의 실현'이다.
결국 우주가 우리에게 감동DNA를 준 것은 독특하고 가치 있는 창조를 통해
선을 실현하려는 것이다. 즉, 우주는 우리가 좋든 싫은
자신에 대한 존재의 의미를 추구하도록 하기 위해 이 세상에 태어나도록 한 것이다.

다양성을 추구하는 우주는 우리 각자에게 독특하고 유일한 강점을 부여했다. 한 개인의 관점에서 보면 자신만의 독특한 존재 의미에 대한 기초를 세우기 위해 일부만 선택하고 다른 것은 모두 버리는 전략적인 선택을 한 것이다. 그 선택이 우주가 강제적으로 집행한 것일 수도 있고 자신이 자발적으로 선택한 것일 수도 있지만, 어쨌든 우리가 태어나는 순간, 이미 그 선택은 진행된 것이므로 강제적인 것인지 자발적인 것인지의 여부는 의미가 없다.

또한 우주는 우리에게 선한 마음을 주었다. 불교에서 말하듯이 본래의 마음은 선하다. 《성경》에서도 우리가 기도를 통해 마음을 비워 본래의 마음으로 다가간다면 하나님의 뜻을 볼 수 있다고 말하고 있다. 여기서 '하나님의 뜻'은 '선의 실현'이다. 결국 우주가 우리에게 감동DNA를 준 것은 독특하고 가치 있는 창조를 통해 선을 실현하라는 것이다. 즉, 우주는 우리가 좋든 싫든 자신에 대한 존재의 의미를 추구하도록 하기 위해 이 세상에 태어나도록 한 것이다. 물이 위에서 아래로 흐르고, 감나무에서는 감이 열리고, 대추나무에서는 대추만 열리고, 참새는 참새로 살아야 하고, 매는 매로 살아야 하듯, 그 사실은 바뀔 수 없는 진실이다.

아울러 다양성을 간직한 우주는 각자의 존재 의미에 우열과 서열을 부여하지 않았다. 어떤 한 개인에 대한 존재의 의미가 다른 한 개인에 대한 존재 의미 보다 좋거나 나쁜 것이 아니라, 각자에 대한 존재 의미는 서로 비교될 수 없으며, 서로 떼어놓고 독립적으로 볼 때 각자 독특한 가치가 있다는 뜻이다. 태어날 때부터 누가 너는 몇 등이고, 너는 누구 보다는 못하고 누구보다는 잘 났다고 말해주거나 적어줘서 그걸 기억하거나 가지고 다니면서 살지 않는다는 말이기도 하다. 이와 같이 사람들은 우주가 뜻하는 대로 그대로 놓아두면 자유롭고 바르게 무한한 힘을 발휘하여 누구나 똑같이 소중한 자신에 대한 존재 의미를 추구해 나아가도록 되어 있는 것이다.

그런데 우리는 대부분 태어나면서부터 인위적으로 조작된 철조망 안에 놓여지게 된다. 그 철조망은 권력, 권위, 명예, 돈, 게으름 등에 집착하는 인간의 이기심이 만들어 놓은 것이며, 그 안에서는 서열과 우열을 가리는 경쟁이 지속적으로 일어난다. 마치 동물원에서 우리 안에 있는 원숭이들이 자신의 힘을 과시하며 서로 싸워 힘의 순위에 따라 서열을 정하고, 자신보다 힘이 센 원숭이한테는 굴복하고 자신보다 약한 원숭이한테는 군림하며 살아가는 것과 같다. 그 철조망 안에서 원숭이들이 오직 힘의 세기 하나로 우열을 가리듯이 사람들은 성적 순위, 학교의 등급, 외모의 수준, 화술 등 단지 겉으로 나타나는 몇 가지로 서열을 정한다. 그리고 그 서열에 맞추어 소유할 수 있는 권력, 권위, 돈, 명예, 능력, 자질, 나아가 존재 가치의 수준, 즉 중요도를 정한다. 그로 인해 많이 가진 자는 더 가지기 위해 한층 더 높은 수준의 경쟁자와 경쟁을 하고, 덜 가진 자는 더 가지기 위해 안간힘을 쓰기도 하고 자신의 신세를 한탄하거나 운명으로 받아들여 기가 죽은 체 살아가기도 한다. 눈에 보이지 않는 철조망 안에서 사람들은 만족할 줄 모르는 치열한 경쟁으로 인한 고통에 지속적으로 시달릴 뿐이다. 치열한 경쟁이 사람들에게 고통스러운 이유는 경쟁을 초월하여 존재의 의미를 추구하라는 우주의 의도와 다르기 때문이다.

이 철조망에서 벗어나는 길은 자신의 영혼에 권력, 권위, 돈, 명예, 게으름 등 허위의 때를 묻히지 않는 것이다. 치열한 경쟁이 일어나는 것은 영혼에 묻은 때 때문이다. 우리의 영혼은 원래 때 묻지 않은 순수한 것이다. 권력과 권위는 본래 더 크고 더 원대한 창조를 통해 선을 더 널리 베풀기 위한 수단으로 필요할 뿐이다. 그럼에도 사람들의 이기심에 의해 자신보다 아래에 있는 사람을 소유하여 부려먹으며 자신의 우월감을 채우거나 편하게 살려고 하는 수단으로 변질시킨다. 따라서 권력과 권위는 경쟁에 활용되면 일종의 대리만족이 된다. 즉, 우주가 존재의 의미를 추구하여 행복을 느끼도록 한 것에 대해서 다른 것을 추구하여 만족을 얻는다는 말이다. 대리만족은 자신의 겉에만 영향을 주기 때문에 아무리 그 규모가 크더라도 자신의 본질에 아무런 영향을 주지 못한다. 그래서 이기적으로 권위와 권력을 휘두르는 사람은 허무감에 빠져 만족을 채우지 못함으로서 더욱 더 권위와 권력을 탐닉하게 되어, 자신의 영혼에 그만큼 더 많은 때를 묻힌다.

돈 역시 마찬가지다. 돈은 존재의 의미를 추구하여 가치 있는 창조를 실현할 때 그것에 대한 보답으로 이 세상이 자연스럽게 주는 것이다. 돈에 집착하게 되면 쉽게 큰 돈을 벌려고 한다. 그러면 가치창출이 아닌 부정적인 수단을 사용하려 하거나 있지도 않은 큰 돈을 벌어주는 비법을 찾아다니거나, 비법이 아닌데도 비법인줄 착각하여 가지고 있는 자원을 일시에 다 날려먹는 몽상가가 되거나 하여 영혼에 때를 묻힌다. 또한 돈은 더 크고 원대한 창조를 위한 수단으로 활용하라고 존재한다. 그런데 그것에 집착하게 되면 권력과 권위와 같이 대리만족으로 변질되어 돈을 가져봐야 허무감에 빠져 만족을 채우지 못함으로서 더욱 더 돈에 탐닉하여 영혼에 그만큼 더 때를 묻힌다.

그리고 명예 역시 존재의 의미를 추구하여 가치 있는 창조를 실현함으로써 얻을 수 있는 것이나, 명예의 때가 묻으면 권위와 권력과 돈으로 명예를 얻으려고 하기 때문에 권위와 권력과 돈의 때가 한꺼번에 묻는다. 게으름의 때는 가치 있는 창조를 할 수 없다는 그 자체도 문제이지만 권위와 권력과 돈을 쉽게 얻어 편해지려고 하는 경향이 있기 때문에, 권위와 권력과 돈의 때가 묻을 수 밖에 없다.

영혼에 때가 묻으면 상대를 이기고 굴복시키는 데서 나오는 삐뚤어진 쾌감으로 허무감을 채우려 한다. 때문에 항상 상대를 신경 쓰는 경계심리에서 나오는 근심, 걱정, 불안과 패배의식에서 나오는 미래에 대한 근심, 걱정, 수치감, 자신감 상실, 열등감 등에 시달린다. 또한 상대를 비난하거나 상대가 하는 것에 불평과 불만을 늘어놓아 상대를 깎아내려 자신의 우월감을 음미하려 하기 때문에 심리적으로 지쳐 나약한 상태가 된다. 여러 사람이 밥을 먹는 식당에 혼자 식사하러 가면 다른 사람들이 친구가 없는 못난 사람으로 생각할까봐 혼자 식사하러 가는 것 조차도 두려우니 자신 있게 뭔가를 하려고 하지도 않는다. 혹은 지나치게 공격적으로 주변 사람들을 몰아치며 몰고 나가 결국 같이 실패하거나 하는 등 바람직한 삶에서 벗어나게 된다.

그러므로 권력, 권위, 명예, 돈, 게으름 등 허위에 집착하는 영혼의 때를 벗겨야 자신을 구속하는 고통의 철조망에서 벗어나 자유롭게 힘을 발휘할 수 있는 발판을 마련할 수 있음을 기억해야 한다. 자신의 영혼에 불협화음이 아닌 감동적인 화음을 지속적으로 들려주어야 한다는 뜻이다.

우리가 인생을 살아가면서 소유할 수 있는 것은 하나도 없다. 단지 함께 할 수 있을 뿐이다. 우리는 그 어느 것이든 소유하고자 할 때 집착하게 되어 자신뿐만 아니라 타인에게도 고통을 주게 된다. 소유는 나의 관점이고 나의 관점은 이기심을 가져오기 때문이다. 함께 한다는 것은 나의 관점이 아닌 우주의 관점이다. 함께한다는 관점, 조화의 관점으로 삶을 전환시킨다면 마음은 순수해져 자유로워지고 정신적으로나 물질적으로 우주가 주는 풍요로움을 만끽할 수 있을 것이다.

코미디가 웃음을 주는 이유는 권위, 권력, 명예, 근심, 걱정, 심각함, 비난 등 사람들이 가지려고 애쓰는 것과 사람들에게 나타나는 심리가 연출되지만 웃음을 주려는 순수한 목적에서 벗어나지 않기 때문이다. 예를 들면 어떤 사람이 권위를 부리는 장면들이 나오는데 그 사람이 진짜 권위를 부리는 장면이라면 더 이상 웃을 수 없을 것이다. 또 어떤 사람이 심각하게 걱정하는 장면들이 나오는데 참으로 그 사람이 걱정하는 장면들이라면 역시 더 이상 웃을 수 없을 것이다. 모든 장면이 웃음을 주기 위한 방향으로 조정되어 연출되기 때문에 웃음을 주는 코미디가 되는 것이다.

약 30명으로 구성된 음악을 연주하는 한 아마추어 악단이 있다고 가정하자. 그 악단의 목적은 무료로 들을 수 있는 음악회를 열어 시민들이 비용 부담 없이 아름다운 음악을 즐길 수 있도록 하고 단원들이 취미생활을 통해 정서적인 안정을 찾는데 있다고 생각해 보자. 악단이 처음 구성되어 한동안은 순수하게 그들의 목적에 충실했던 관계로 단원들은 화목한 분위기에서 서로를 격려하면서 즐겁게 연주회를 준비하고 열 수 있었다. 그러던 어느 날부터 시민을 위한 무료 연주회 활성화 차원에서 시청이 그 악단에게 활동비를 지원해 주면서 문제가 발생하기 시작했다. 단원들 사이에 그 활동비를 어디에 어떻게 사용할지에 대해 다양한 의견이 많았고 급기야 두 그룹으로 나뉘어져 논쟁을 벌이기 시작했다. 두 그룹은 여러 차례 토론을 진행했지만 결론을 내지 못하고 감정만 쌓여 결국 한쪽 그룹이 그 악단을 탈퇴하고 말았다. 결국 그 악단은 단원

마녀의 빗자루 성운

부족으로 연주회를 여는데 어려움을 겪게 되어 활동비를 지원받기 전보다 더 적은 횟수의 연주회를 열 수 밖에 없었다. 이런 결과가 초래된 이유는 돈에 대한 집착으로 본래의 순수성을 잃어 본래의 목적을 망각했기 때문이다. 서로 한 걸음씩 뒤로 물러나 순수한 마음으로 본래의 목적에 충실했다면 지원비를 어디에 어떻게 사용하느냐는 단장이나 총무가 단원들의 의견을 경청하고 수렴하여 결정하고, 사용의 적정성은 단계적으로 개선해 나가는 형식을 취할 수 있었을 것이다.

역사를 한 단계 발전시킨 위인들의 공통된 특징은 본인들의 출세 여부와 상관 없이 한결같이 순수성을 유지하여 본래의 목적에 충실했다는 것이다. 다시 말해, 순수함을 지키는 사람들에 의해 역사가 발전해 가며 그들 덕택으로 사람들은 정신적으로나 물질적으로 풍요로운 삶을 영위할 수 있는 것이다. 그들의 창조가 비록 다른 사람들에게 나쁜 방향으로 이용 당해 본래의 목적이 훼손되더라도, 그것은 나쁜 방향으로 이용하는 순수하지 못한 사람들이 문제이지 그들의 문제는 아니다.

조선왕조 500년의 역사만 보더라도 그러하다. 친형의 아들인 단종을 몰아내어 죽이고 자신의 왕위 침탈을 반대한다는 이유로 친동생도 스스럼 없이 죽이며 반대파를 몰살시키는 등 자신의 권력에 끝없이 집착했던 세조는 그의 아버지인 세종대왕이 왕도정치와 그에 따른 찬란한 정치, 경제, 사회, 과학, 문화 전반에 걸친 업적을 통해 이룩한 조선왕조의 기반을 그의 재임기간 동안 무너뜨리며 조선왕조의 역사를 후퇴시켰다. 또한 명과 금에 대한 중립외교로 실리를 추구하는 정책을 폈던 광해군을 몰아내고 정권을 장악한 인조반정 세력

들은 금의 세력 확장이라는 시대상황에 맞지 않게 자신들의 왕위침탈에 대한 명분인 친명배금(親明排金) 정책을 끝까지 고수하여 두 차례나 금으로부터 정묘호란과 병자호란이라는 침략을 당하게 되었고, 이로 인해 백성들은 잔인하게 침탈 당하고 국권은 굴욕적으로 무너지는 결과를 맞이했다.

이와 같이 순수함을 잃은 사람들이 권력을 잡았던 시대에는 어김 없이 역사적 후퇴와 역경이 찾아왔었다. 반대로 순수성을 지켰던 세종대왕, 허준, 정약용 등의 위인들은 우리가 이미 알고 있는 바와 같이 역사에 길이 남을 위대한 창조를 실현했다.

명의(名醫)와 그저 그런 의사의 차이점은 순수함이 있고 없고의 차이다. 만약 자신이 의사로서 가져야 할 강점과 뜻이 없다면 의사가 되지도 않았거나 의사의 길을 포기했을 것이다. 명의는 의사 본래의 목적에 충실하다. 환자의 아픈 부분에 대해 세세하고 정확한 진단을 내리고 환자가 완치될 때까지 환자와 소통해 가면서 조금의 후유증도 남지 않도록 정밀하게 치료하는데 집중하고 그렇게 하는 것이 자연스럽다. 그러나 명의의 반열에 있다가도 내면세계의 불순물인 돈의 때가 묻어 순수함을 잃으면 그저 그런 의사로 전락하는 것이다.

명교사와 일반교사의 차이점도 마찬가지로 순수함이 있고 없고의 차이다. 훌륭한 교사는 자신이 교사로서 가져야 할 강점과 참뜻이 없다면 교사의 길을 선택하지도 않았거나 교사의 길을 포기했을 것이다. 명교사는 모든 학생들이 공부하는데 어떤 어려움이 있는지, 자신이 강의하고 있는 부분을 잘 이해하고 있는지, 학생들과 소통한다. 뿐만 아니라 학생들이 흥미 있게 강의에 몰입할 수 있도록 개념을 정립해주면서 개념과 관계된 사회의 변화 등을 설명하고 학생들이 주도적으로 강의에 참여할 수 있도록 학생의 관점에서 강의를 진행하여 공부를 잘 해갈 수 있도록 한다. 이렇게 하기 위해서 명교사는 사전에 철저하게 강의를 준비하여 막힘 없이 강의가 진행될 수 있도록 하고, 강의 시간 전에 반드시 강의실에 도착하여 학생들에게 모범을 보여 학습의욕을 고취시켜준다. 그리고 학생들이 학교생활을 통해 미래에 대한 꿈과 희망을 갖도록 최선의 노력을 다한다. 하지만 명교사의 위치에서 순수함을 잃으면 자신에게 잘 보이는 학생들에게 특별히 관심을 주거나, 혼자 일방적으로 말을 하는 식의 강의를 진행하거나, 강의 준비를 잘 하지 않거나, 학생들에게 꿈과 희망을 갖도록 하는 데 소홀하거나 하여 그저 그런 교사로 전락하고 말 것이다.

의사, 교사뿐만이 아니라 군인, 정치인, 회사원 등 다른 모든 직업인도 마찬가지다. 본래의 목적을 달성하기 위해서는 불순물이 내면세계에 들어와서 순수함을 잃게 해서는 안된다.

인간 사회에는 헤아릴 수 없이 많은 다양한 일들이 있다. 그 일들이 사회를 지탱해 준다. 그리고 수 많은 사람들이 그 일들을 서로 나누어 실행한다. 그러므로 사회가 가장 효율적이고 효과적으로 운영되어 사람들이 풍요로운 삶을 살 수 있도록 해주는 방향으로 누가 어떤 일을 할 것인가가 결정되어야 한다. 그것은 바로 어떤 일을 가장 효율적이고 효과적으로 실행할 수 있는 사람이 그 일을 하도록 하는 것이다. 그래서 한 개인은 가장 잘 할 수 있는 어느 특정한 일을 선택하고, 대신 다른 일들은 포기하는 전략적인 결정을 하여 자기가 선택한 일이 필요로 하는 재능, 지식, 기술을 확보한다. 재능은 우주로부터 거의 선천적으로 부여 받는 것이며 지식과 기술은 태어나서 후천적으로 습득하는 것이다.

우주는 분업화된 인간 사회가 풍요로움을 누릴 수 있도록 사람들에게 각자 서로 다른 유일한 재능을 준다. 그래서 사람들은 서로 다른 독특한 강점을 가지게 된다. 사람들이 여러 가지 다양한 일에는 강점을 가지기 어렵고 자신이 강점을 가진 일 외에는 약한 모습을 보이는 이유다. 그런데 사람들은 다른 사람들과의 경쟁을 의식해 자신의 강점은 그대로 두고 약점을 강화하는데 치중한다. 자신이 약점을 보이는 일에서 조차도 강점을 가진 사람들을 이기려하기 때문이다. 강점의 핵심인 재능은 거의 선천적인 것으로 바꾸기 어렵다. 따라서 아무리 약점을 강화시키려고 노력한다 해도 강점으로 만들기 어렵기에, 자신이 약점을 가진 일에서 강점을 가진 사람과 경쟁하게 되면 승리하기 어려운

법이다.

우주가 사람들 각자에게 주는 강점이 서로 다른 특별한 이유는 각자 경쟁을 초월하여 본연의 역할에 충실히 임하고 이를 통해 독특한 가치를 창출, 인간사회를 풍요롭게 하라는 뜻일 것이다. 따라서 우리는 우열과 서열을 강조하는 사회 분위기에 동조되지 말고 순수함을 유지하여 자연 그대로의 나를 보고 이를 통해 자신의 강점을 찾고 지속적으로 활용하고 강화 및 진화시켜 나아갈 필요가 있다.

경쟁은 피하고 감동문장에 충실하자

우리는 흔히 선의의 경쟁이라는 말로 경쟁을 미화시키곤 한다. 경쟁(競爭)의 한자 의미를 그대로 보면 '다투고 다툰다'는 말이다. '선의의 경쟁'이란 '좋은 뜻을 가진 다툼'이란 의미가 되는데, 사실 좋은 의미를 가진 다툼은 있을 수 없다. 다툼 자체는 나의 관점이고 둘 이상의 사람 또는 단체가 같은 것을 두고 서로 많이 가지려고 하는 이기적인 행동이기 때문에 선의라는 말 자체가 맞지 않는다. 그래서 경쟁은 언제든 이기적인 싸움으로 봐야 한다. 억지로 경쟁을 좋게 해석한다면 노력 끝의 승리로 보다 많이 가지게 된 것을 남에게 베

성단 NGC 602

푼다는 것인데, 물론 그렇게 해서 베풀 수 있는 규모는 극히 제한적이다. 왜냐하면 승리는 언제나 경쟁으로 인한 힘의 소비가 뒤따라 잃는 것이 그만큼 많아서 얻은 것에서 잃은 것을 빼면 진정 얻은 것은 적을 수밖에 없다. 그리고 언젠가 패하게 되면 여태껏 얻을 것을 한꺼번에 잃을 확률도 높다.

경쟁이 초래하는 가장 큰 문제는 경쟁자에게 현혹되어 시야가 좁아지다 보니 추구하는 본연의 좋은 뜻을 마음껏 펼칠 수 없다는 점이다. 승차감이 편안하고 성능이 좋은 자동차를 대량 생산 및 낮은 가격으로 판매하여 모든 국민이 좋은 차를 탈 수 있도록 한다는 뜻을 가진 두 기업이 있다고 하자. 이 두 개의 기업이 경쟁을 하게 되면 자동차의 편안함과 성능을 향상시키기 위한 창의적인 활동에 집중하기 보다는 상대방을 이기기 위해 상대방이 만들고 있거나 만들 것 같은 것을 알아내고 그들 보다 더 잘 만들어 내려고 전력을 다할 것이다. 상대방에게 현혹되어 상대방이 하고 있거나 할 것 같은 것을 향해 시야가 좁아진다는 말이다. 이로 인해 상대방 것을 모방하거나 그들과 비교해 약간의 개선만 있는 동일한 수준의 것을 만들어 내고 말거나, 시장 점유율을 높이기 위해 상대방보다 낮은 가격으로 판매하는데 집중한 나머지 품질이나 편안함, 성능 등이 저하되는 자동차를 생산해버리기도 한다. 결과적으로 전체적인 고객가치는 별로 향상되지 않은 채 경쟁으로 인한 힘의 소비로 둘 다 도산하거나, 승리한 한쪽이 시장에서 독점적 지휘를 남용하거나 하여 편안하고 성능 좋은 자동차를 낮은 가격으로 판매하는 기업이 없어지거나, 가격은 올라가고 편안함이나 성능은 개선되지 않는 현상 등이 벌어진다. 그러나 본연의 뜻에 충실하면 고객이 요구하는 것을 알아내어 고객을 감동시키는데 집중하게 되므로 고객의 가치를 높이는 다양하고 창의적인 자동차들을 효율적으로 생산하여 판매가격은 유지하면서 자동차의 품질, 편안함, 성능이 향상되는 결과를 만들어 낼 것이다.

　다른 예로, 어느 한 지역에 카센터가 하나 있었다. 그 카센터의 사장은 별로 친절하지 않았고 고객서비스도 그다지 좋지 않았으며, 카센터 내부는 지저분했다. 그렇지만 그 지역에는 그 카센터밖에 없었기 때문에 카센터가 운영될 만큼 손님이 있었다. 그러던 어느 날 그 지역에 카센터가 하나 들어 왔다. 그 카센터는 장비가 신형이었고 고객서비스도 좋았을 뿐만 아니라 청결했다. 그러자 원래 있었던 카센터 사장은 새로 들어온 카센터에 충격을 받아 손님들에게 친절하게 대했고 청결을 유지하면서 고객서비스를 향상시켰다. 이를 지켜본 새로 들어온 카센터 사장은 자신이 그 지역에 카센터를 차린 것을 후회하게 되었다. 왜냐하면 원래 있었던 카센터의 모양새가 하찮아 보여 자기가 충분히 그 카센터를 몰아내고 그 지역에서 독점적으로 카센터를 운영할 수 있을 것이라고 생각했는데, 그 카센터가 재빠르게 자신을 모방하여 따라왔기 때문이었다. 그 두 카센터는 결국 고객서비스의 수준은 더 이상 눈에 띄게 향상시키지 않은 채 한정된 방문 고객수를 서로 나누어 가지며 서로의 힘만 소모시키는 경쟁을 펼치게 되었다. 이러한 결과는 두 카센터의 사장이 고객에게 훌륭한 서비스를 제공하려는 뜻을 세우고 그 뜻을 마음껏 펼치기 보다는 경쟁 상대방에게만 집중하여 시야가 좁아졌기 때문에 일어난 결과이다.
　원래 있었던 카센터는 다른 카센터가 그 지역에 들어오기 전까지는 경쟁자가 없었기 때문에 경쟁을 하지 않았다고 볼 수 있지만, 사실 그 사장은 경쟁심에 사로잡힌 집착형 인물이었던 것이다. 집착형 인물은 경쟁자가 없으면 독점적인 지위를 누려 고객서비스는 개선하지 않고 이익 챙기는 것에 집중한다. 만약 원래 있었던 카센터의 사장이 경쟁은 회피하고 본연의 뜻에 충실히 임하는 스타일이었다면 다른 카센터가 들어오기 전에도 다른 지역의 카센터를 둘러보거나 새로운 카 정비기술을 지속적으로 습득하거나 고객으로부터 진솔한 의견을 듣거나 해서 최고의 고객서비스를 제공하기 위해 늘 자신을 발전시켰을 것이다. 그리고 그 결과로 새로 카센터가 들어오든 들어오지 않든 고객으로부터 진정 사랑 받는 최고의 카센터가 되었을 것이다. 새로 들어온 카센터의 사장도 고객을 위해 봉사하겠다는 뜻을 세우고 그 뜻에 충실히 임했다면 원래 있었던 사장에게 이렇게 말했을 것이다. 즉, "제가 이 지역에 들어올 테니 서로 협력하여 고객들에게 최저 가격으로 최고의 서비스를 제공하는 카센터가 된다면 타 지역의 사람들에게 입소문이 나서 혼자 있을 때보다 몇 배의 고객들이 올 것입니다"라고 말하면서, 그 지역을 최고의 카센터들이 있는 명소로 만들어보자고 했을 것이다.

경쟁이 초래하는 또 다른 큰 문제는 경쟁자에게 집중하다 보니 본연의 뜻을 잃어 일관성과 방향성을 쉽게 상실할 수 있다는 점이다. 뜻을 상실한 기업은 회전축이 없는 바퀴와 같아서 힘을 바르고 자유롭게 무한히 발휘할 수 없게 되어 결국 경영위기에 처하거나 도산하게 된다. 예를 들면, 세계 최고의 성능과 안정성을 가진 경주용 자동차를 전문적으로 생산하고 판매하리란 뜻을 세운 자동차회사가 경쟁자에게 집중하다 보니 본연의 뜻을 잃어 경주용 자동차를 전문적으로 생산하다가 럭셔리한 고가 자동차를 생산하여 판매하는 것과 같은 경우이다. 이 경우 기업은 보유하고 있는 설비나 인력 등을 효율적으로 활용할 수 없어 내부 효율성이 떨어질 가능성이 높아지게 된다. 또한 완전히 다른 차종을 판매하게 되므로 브랜드 이미지에 혼란이 생겨 고객으로부터 외면을 당하기도 한다. 날씬하고 건강미 넘치는 스타일의 친구가 어느 날 권위적이고 부티 나는 친구로 바뀌어 자신한테 나타난 것과 같아서 고객은 갑자기 혼란스러워져 그 자동차 회사 제품을 잘 구매하지 않으려고 하게 된다.

자신의 일상생활을 자세히 살펴보면 크고 작은 모순으로 가득히 차 있을 것이다. 예를 들어, 아침에 일어나 운동을 하고 출근하자니 귀찮기도 하지만 잠자는 시간이 줄고 회사 출근시간도 맞출 수 없을 것 같고, 그렇다고 아침운동을 하지 않고 출근하자니 몸무게는 늘어나 건강을 잃을 것 같다.

회사에서도 다양한 모순에 부딪친다. 상사의 지시가 오류가 있다는 생각이 들 때 상사에게 자기 의견을 말하고 싶어도 불만이 많은 사람으로 찍힐까봐 걱정되고, 자기 의견을 말하지 않으면 자기 주관이 없는 무능력한 사람으로 찍힐까봐 걱정된다. 일방적으로 지시만 내리는 독불장군 같은 상사가 부당하다는 생각에 상사의 지시를 외면하자니 지시를 거부한다는 이유로 해고당할까 걱정되고, 상사에게 다른 사람들의 의견은 무시하고 일방적으로 지시만 내리냐고 직접 호소를 하자니 상사에게 대드는 나쁜 사람으로 취급 당할까봐 걱정된다. 업무를 소홀히 하는 부하사원에게 야단을 치자니 사기가 죽어 업무를 더 소홀히 하거나 야단치는 자신을 미워할까 걱정 되고, 야단을 치지 않고 그냥 너그럽게 넘어가자니 계속 업무를 소홀히 해 회사에 큰 문제가 터질 것 같아 걱정된다. 제품의 재고를 많이 가져가자니 혹시라도 예측하지 않았던 불경기가 찾아와 재고가 팔리지 않을까 걱정되고, 재고를 쌓아두지 않자니 갑자기 늘어나는 수요에 대응하지 못해 기회손실이 생길까봐 걱정된다.

자신의 인생진로를 선택해야 하거나 변경하고 싶은 상황에서도 모순이 찾아오는 경우가 많다. 대개 먹고 살 수 있도록 해주는 돈을 버는 길과 자신이 하고 싶은 일의 모순이다. 이쪽 길을 선택하면 돈을 벌 수 있지만 자신이 희망하는 일은 포기해야 하고 자신이 바라는 일을 선택하자니 당장 돈을 벌 수가 없다는 모순이다.

　모순의 가장 큰 문제점은 방치시켜 두면 결코 모순이 없어지지 않고 오히려 더욱 악화되거나 또 하나의 모순이 생긴다는 점이다. 상사가 독불장군 같아서 상사를 외면하거나 상사에게 독불장군처럼 지시만 내리지 말라고 호소한다면 상사의 감정을 자극하게 되고 이로 인해 둘 사이의 인간관계가 악화되어 상대방을 무시하게 되므로 모순이 악화된다. 업무를 소홀히 하는 부하사원에게 야단을 치면 당장 그 부하사원은 억지로 업무를 열심히 하겠지만 그 부하사원은 자신에게 야단을 쳤다는 이유로 상사를 미워하게 되고, 이로 인해 둘 사이의 인간관계가 악화되어 또 다른 모순이 생길 수 있다. 또한 업무를 소홀히 하는 그 부하사원을 너그러이 그냥 놔두면 계속되는 업무소홀로 결국 큰 문제가 터지게 되어 자신과 부하사원은 해고를 당하거나 회사로부터 나쁜 평가를 받아 또 다른 모순이 생길 수 있다. 자신의 인생진로를 선택할 때 돈만 벌 수 있고 자신이 바라는 일은 할 수 없는 진로를 선택하게 되면 돈을 벌기 위한 일은 힘만 들고 즐거움이 없어 더욱 자신이 바라는 일을 갈망하게 되므로 모순은 악화될 것이다.

　크고 작은 모순에서 벗어나는 길은 모순에 빠진 상황에서 한 발자국 뒤로 물러나 제 3자의 입장에서 순수한 생각으로 자신과 그 상황을 면밀히 살펴본 다음, 자신에게 맞게 참뜻을 세우고 거기에 집중하는 것이다. 큰 모순에는 큰 뜻을 세우고 작은 모순에는 작은 뜻을 세우면 된다. 물론 큰 뜻 하나가 자신이

우리 은하

직면한 모순들의 대부분을 해결해 줄 수도 있다. 모순의 본질은 경쟁이고, 경쟁은 이기심이라는 허위의 가면을 쓰고 있지만 순수한 뜻은 경쟁을 초월하여 본질에 집중하도록 해주기 때문에 모순을 해결할 수 있는 것이다.

아침에 일어나 운동을 하고 출근을 하자니 귀찮기도 하고 시간도 부족하고 그렇다고 운동을 하지 말자니 건강이 걱정되는 경우를 가정해 보자. 제 3자의 입장에서 선입견 없이 본다면 건강 유지가 중요하지 꼭 특별히 시간을 내서 운동복을 입고 운동화를 신고 운동을 할 필요가 없다는 사실을 알 수 있다. 그 다음 건강을 유지하기 위해 부담 없이, 틈틈이, 즐겁게 운동한다는 뜻을 세우면 되는 것이다.

어떤 사람들은 아침에 일어나 차를 몰고 출근을 하는 대신 자전거를 타고 출근 한다. 차를 몰고 나가면 교통 체증으로 차가 밀려 자전거를 타고 갈 때보다 늦게 회사에 도착하는 경우가 많다. 자전거를 타면 운동도 되고 차 연료비도 줄이고 여차하면 회사에 더 일찍 도착한다. 어떤 사람들은 점심시간에 점심을 먹고 사무실로 돌아오는 길에 짬을 내어 걷기 운동을 하거나, 탁구장에 들러 탁구를 치거나, 웨이트룸에서 몸을 단련시키기도 한다. 어떤 사람들은 업무 목적으로 몇 킬로를 이동해야 할 경우는 일부로 뛰어간다. 특별히 자세를 갖추고 시간을 내어서 하는 운동은 주말에 푹 쉬고 난 후 지루해질 때 하면 된다. 자신의 주변을 둘러보면 특별히 시간을 내지 않아도 이와 같이 다양한 방법으로 운동할 수 있는 방법이 꼭 있다. 이렇게 몇 달만 부담 없이 운동하는 습관을 들이고 나면 자동적으로 자연스럽게 운동을 즐기는 자신을 발견할 수 있을 것이다.

회사에서 상사와 부하간의 모순은 어떻게 해결해야 할까? 우리는 회사를 위해 일을 하고 있지 상사나 부하를 위해 일하는 것도 아니고, 상사나 부하를 이기기 위해서 일하는 것도 아니므로 회사가 잘 운영되기 위해서는 상사나 부하가 좋은 사람이고 나쁜 사람이고 간에 서로의 도움을 받아 일을 잘 처리해야 한다는 사실을 깨달을 수 있다. 그 다음 상사나 부하가 나의 도움으로 일을 잘 처리할 수 있도록 하고, 나 자신도 그들로부터 도움을 받아 일을 잘 처리해 회사가 잘 될 수 있도록 한다는 본연의 뜻을 세우면 된다. 상사가 잘못된 지시를 하고 있다는 생각이 들더라도 일단 상사의 지시대로 일을 해보면 상사의 지시가 정말 잘못되었든, 아니든 간에 배우는 점이 있어 조직 전체가 발전하게 된다. 상사의 지시가 정말 잘못된 것으로 판명될 지라도 다음부터는 그 잘못된 일은 조직전체가 고려하지도 않고 행하지 않게 되어 한 단계 발전하는 것이다. 그리고 일방적으로 지시만 하는 상사에게는 지시한 것 보다 더 많은 일을 상사에게 해주어서 기대치 보다 높게 도와주면 상사는 지시한 것보다 더 많이 자발적으로 일하는 자신을 신뢰하게 되어, 양자 간의 모순에서 자연스럽게 빠져나오면서 서로의 협력관계가 발전하게 된다. 또한 업무를 소홀히 하는 부하사원에게는 자신이 무엇을 도와주어야 하는지, 또는 업무 수행하는데 있어 부하 사원이 어떤 어려움이 있는지 물어봐서 부하사원을 도와주고 업무가 잘 처리되지 않으면 회사에 어떤 문제가 생기는지 등을 이해시키면 된다.

회사에서 제품의 재고를 줄이자니 걱정이 되고 쌓아두자니 역시 걱정 되는 경우와 같은 모순들을 해결하기 위해서는 보다 정확하고 폭 넓은 정보를 입수하고 전문가나 상사, 동료들에게 조언을 구하여 여러 가지 대안을 개발하고,

사전에 충분히 생각한 다음 회사에게 정말 필요한 방향에 맞춰 의사결정을 하면 모순에서 벗어날 수 있다. 돈 버는 일과 자신이 바라는 일이 모순에 있을 경우에는 자신이 바라는 일을 통해 자신이 추구하고자 하는 뜻을 이해한 다음, 그 뜻을 포기하지 말고 돈 버는 일을 충실히 하면서 자신의 뜻을 이루는 방법을 찾으면 된다.

결국 삶의 다양한 모순에서 벗어난다는 것은 순수함을 바탕으로 해서 이성적으로 판단했을 때도 옳고 자신의 마음으로 느꼈을 때도 편안해 진다는 것이다. 다시 말해 이성과 감성이 일치하면서, 이성과 감성 모두가 자신이 행하고 있거나 선택한 것이 바른 방향으로 가고 있음을 알게 된다는 것이다. 즉 감동의 상태가 지속된다는 말이다. 생각해 보면 맞는데 마음이 불편하거나, 마음은 편한데 생각해 보면 무엇인가 맞지 않다면 모순에 빠져 있다는 것이다. 그러한 모순 상태에서 일이 잘될 것이라고 믿는 것은 복권을 사고 나서 이번에 당첨되어 자신의 인생이 역전될 것이라고 믿으며 기분 좋은 몽상에 빠져있는 것과 다름없다.

우리가 순수함을 유지한다면 우리의 이성과 감성은 절대 둘 다 동시에 거짓말을 하지 않는다. 예를 들어, 정보가 부족한 상태에서 판단을 하게 되면 생각은 옳다고 판단할지라도 마음은 어딘가 불편하다. 혹은 마음이 편하면 무엇인가 맞지 않다는 생각이 들거나, 아니면 마음이 불편함과 동시에 맞지 않다는 생각이 들기도 한다. 우주는 인간에게 이성과 감성을 주었다. 단지 우리가 자신을 속이기 위해 마음과 생각이 가르쳐 주는대로 따르지 않을 뿐이다. 만약, 순수함을 유지한 상태에서 이성과 감성 둘 다 옳다고 가르쳐 주는 방향으로 살아간다면 우리는 감동형 인물이 될 것이다.

드림웍스가 제작하여 세계적으로 인기를 얻고 있는 애니메이션 영화인 쿵푸팬더2의 감독을 맡아 제작을 지휘했던 한국계 여성 여인영 씨는 한 신문 기자가 이번 작품이 성공할 것이라고 보는지 묻자 다음과 같이 말했다.

"내가 영화를 만들면서 스스로 하는 질문은 '이 영화가 성공할까'가 아니다. 내가 하는 질문은 '내가 이 영화를 좋아하나'는 것이다. 이 작품이 보고 싶은지, 혹은 영화 내의 특정한 장면이 정말 좋은지 같은 것은 순수하게 내가 어떻게 생각하느냐 에 달렸다. 저기 밖에 있는 다른 누군가가 아니라 내 생각이 중요하다. 관객을 만족 시키고 싶나? 그럼 우선 당신을 만족시켜야 한다. '관객은 좋아할 거야' 같은 생각 은 잘못됐다. 당신이 좋아한다면 누군가도 좋아할 것이다. 당신이 좋아하지 않는다 면, 아무도 좋아하지 않을 것이다."

– 2011년 4월 23일자 조선비즈닷컴의 기사 중에서

창조와 성공의 비밀 감동DNA
천체물리와 경영의 만남

1판 1쇄 펴낸 날 2011년 6월 27일

저   자   윤정열

발 행 인   김재경
기획·편집   김성우
디 자 인   권원영
마 케 팅   권태형
제   작   (주)신흥피앤피

펴 낸 곳   도서출판 비움과소통
출판등록   2010년 6월 18일 제318-2010-000092호
주   소   서울시 영등포구 영등포동7가 52-10 남양BD 2층 222호
연 락 처   전화 : 02-2632-8739 팩스 : 02-2068-0178
트 위 터   @kjk5555
페이스북   ID 김성우
이 메 일   buddhapia5@daum.net
블 로 그   http://blog.daum.net/kudoyukjung